초등학교 동작교육의 실제

남혜령 저

태영출판사

머리말

학문의 만남은 새로운 지평의 열림이다. 저자는 두 번의 학문적 경험을 얻었다. 20대에 무용학을 공부하면서 이것이 나의 열정의 대상으로 알았다. 그러나 무용학은 영글지 못한 가슴의 앙금으로 침윤되었다. 이러한 무용학은 시간이 지나면서 새로운 만남으로 용해되었다.

교육학의 만남은 나의 학문연구의 전환점이었다. 교육학은 30대 후반의 새로운 만남이지만 어색하지 않았다. 그것은 나의 어느 시절에 있었던 또 다른 꿈이었다. 교육학은 인간의 통합적 관찰력을 이해하는 장면을 알려주었다. 교육학은 무용학과 너무나 같은 모습을 가지고 있었다. 교육학을 공부하면서 무용학과 학문적 관계는 두 개의 영역이 아니고 하나의 영역으로 통합될 수 있다는 것을 알았다. 나의 침윤된 모든 앙금은 용해되어지고 있었다.

교육학과 무용학의 만남은 동작교육이라는 영역을 확보하게 해 주었다. 동작교육은 인간의 귀중한 표현의 수단이다. 그리고 이를 배우고 가르치는 일은 인간모습의 가장 원초적인 것이다. 두 학문의 만남은 “초등학교 동작교육의 실제”로 태어났다.

초등학교 동작교육의 실제는 초등학교 1, 2학년 ‘즐거운생활’에서 제시된 동작교육을 연구한 것이다. 초등학교 동작교육의 실제는 힘들고 매우 고된 작업이었다. 나를 가장 힘들게 한 것은 ‘즐거운생활’에서 동작교육 내용의 분류기준과 동작교육으로 제시된 단원들의 개관과 학습목표 그리고 동작교육 차시에서의 학습목표와 학습방법의 내용을 일괄 정리하는 문제였다.

이 문제를 해결하기 위하여 지도교수님과 동학들과의 토론을 하여 많은 이해를 얻었다.

그래서 ‘즐거운생활’에서 동작교육의 내용분류는 무용학을 통하여 접근하였다. 그리고 '즐거운생활'에서 동작교육으로 제시된 단원들의 개관과 학습목표 그리고 동작교육 차시에서의 학습목표와 학습방법 정리는 즐거운생활 지도서에서 핵심어를 찾아서 일괄 정리하였다. 이것은 교육학적 접근에 의한 것이다.

이 문제를 해결하는 과정에서 '즐거운생활'에서 동작교육의 위치를 파악할 수 있었다. '즐거운생활'에서 동작교육은 학습과정에서 인식된 내용을 정리 단계에서 구체화시키고 있었다.

형식교육 단계에서 제시된 동작교육에 대한 선행연구는 다수 있었다. 그러나 실제 교과서의 분석보다는 교육과정에서 제시된 내용을 파악하는 정도의 연구가 많았다. 저자는 이러한 아쉬움을 덜어 내고자 '즐거운생활'의 교과서와 지도서를 반복하여 보고 읽으면서 그 의미를 이해하고자 노력을 하였다. 연구물이 끝나는 마지막 순간까지도 교과서와 지도서를 놓지 않았던 것은 교육활동에서 동작교육의 실제를 제대로 파악하고자 함이었다.

아마도 이것은 저자가 무용학과 교육학에서 몸담았던 경험과 앞으로 연구할 후배들에게 조금이라도 도움이 되고자 함이다.

오늘 나의 작은 몸짓은 교육학에서 혹은 무용학에서 학문적 초석이 되었으며 한다.

교육학과 무용학의 간학문적 의미를 다시 한번 되새겨 본다.

2011. 12

저자 씀

차 례

제 1 장

서　　론

인간은 사고와 감정을 언어, 그림, 음악, 수, 동작 등으로 표현한다. 인간의 표현활동에서 동작은 다양한 표현행위 중 원초적인 표현방법의 하나이다. 인간의 동작(몸짓)은 모태에서부터 죽음에 이르기 전까지 끊임없이 행하여진다. 그리고 인간의 동작은 다양한 몸짓을 통하여 의사소통, 사회생활, 미적활동, 건강한 생활을 유지하고 성취한다.

본 저서는 초등학교 1, 2학년 교과서인 즐거운생활의 그림(삽화)에 나타난 동작형태를 분석한다. 즐거운생활은 분과교과 중에서 체육교과, 미술교과, 음악교과를 통합한 것이다. 통합교과 즐거운생활은 기초적인 예술교육을 담당한다.

통합교과 즐거운생활은 제4차 교육과정에서 처음 제시되었다. 즐거운생활 교과는 초등학교 1, 2학년의 교과로서 이전의 유아교육과 이후의 초등학교 3년부터 실시되는 분과교과를 연계하는 교육단계의 교과이다. 따라서 유아교육의 발달과 초등학교 분과교과의 준비단계로서 의미가 크다.

즐거운생활의 동작교육은 어린이들에게 기초적 동작을 학습시켜 신체와 정신을 스스로 제어 · 조절할 수 있는 능력을 기르게 한다. 동작교육을 통하여 어린이들은 창의적 표현활동과 건강한 생활을 유지하게 되며, 문화를 인지하게 된다. 또한 동작교육은 즐거운생활의 교과내용을 통합하는데 기여한다.

본 저서는 다음과 같은 교육적 의미를 가진다.

첫째, 그림의 동작형태를 언어로 표현하여 기초적 동작을 구체적으로 이해하는 데 도움을 준다.

둘째, 그림 동작형태의 학습을 통해서 감정과 지식을 체계적으로 습득하는 학습방법에 도움을 준다.

셋째, 그림의 동작형태 분석은 즐거운생활의 통합된 활동에서 동작교육의 위치를 확인하여 그 의미를 살펴볼 수 있다.

넷째, 그림의 동작형태의 탐색은 간학문(무용과 교육학)의 의미를 가진다.

본 저서는 통합교육과정인 제4차 교육과정, 제5차 교육과정, 제6차 교육과정, 제7차 교육과정에서 초등학교 즐거운생활에서 동작형태를 분석한다. 이를 위하여 제2장에서는 초등학교 통합교과과정과 즐거운생활에 대한 내용을 살펴보고자 한다. 제3장에서는 즐거운생활의 동작교육에 대한 내용을 살펴보았고, 제4장에서는 즐거운생활의 동작형태를 분석한다.

본 저서의 연구방법은 통합교과 즐거운생활에서 나타난 동작교육의 그림(삽화)을 참조하여 동작형태를 분석한다. 교과서에서 제시된 그림의 참조 범위는 제4차 즐거운생활(1983~1988), 제5차 즐거운생활(1989~1994), 제6차 즐거운생활(1995~1999), 제7차 즐거운생활(2000~2008)로 하였다.

즐거운생활 동작형태 분석은 다음과 같은 절차를 가진다. 첫째, 동작형태는 교과서의 지시문에 의한다. 둘째, 이 지시문은 무용교육과 연계된 것으로 한다. 셋째, 동작형태는 유사성을 갖는 내용을 분류하여 그 동작에 대한 구체적 행동에 대하여 분석하여 언어로 서술한다.

지시문 내용은 ~흉내내기, 춤추기, 흉내내어 봅시다, 움직여 봅시다, 표현하여 봅시다, 나타내어 봅시다, 춤을 추어 봅시다, 놀이하여 봅시다, 몸짓하여 봅시다, ~되어 봅시다, 꾸며 봅시다, 만들어 봅시다, 뽐내어 봅시다, 재주 자랑하기 등이다. 지시문에 의하여 동작형태의 분석대상은 동물, 꽃, 우주, 수, 친구, 노래가사에 의한 동작, 음의 소리(크게, 높게, 낮게, 가볍게, 무겁게, 부드럽게, 리듬꼴) 동작, 토끼와 거북이, 흥부와 놀부, 한국 민속춤, 외국 민속춤이다. 이를 통하여 즐거운생활의 동작교육은 크게 모방동작교육, 노래와 음에 대한 동작교육, 이야기에 의한 동작교육, 문화인식을 위한 동작교육으로 분류한다.

제 2 장

초등학교 통합교과과정과 즐거운생활

1. 초등학교 통합교육과정과 통합교과
2. 초등학교 통합교과의 즐거운생활

우리나라 초등학교 통합교과는 분과교과를 지양하고 교과간의 통합 또는 활동 주제중심을 지향하고 있다. 초등학교 통합교과는 1981년에 발표된 제4차 교육과정에서부터 시작되었다. 제4차 교육과정에서부터 초등학교 1, 2학년을 대상으로 했던 통합교과는 현재까지 지속되고 있다. 통합교과는 어린이들의 전인교육과 발달 단계에 맞춰 제시되었으며, 어린이들의 인격 통합을 위하여 인지적, 신체적, 심미적으로 풍부한 인간을 육성하려고 하였다. 본 장에서는 초등학교 통합교과 형성과 변천 그리고 통합교과의 교육적 기능을 살펴보려고 한다.

1. 초등학교 통합교육과정과 통합교과

1) 초등학교 통합교과의 형성과 변천

(1) 초등학교 통합교과의 형성

초등학교 통합교과는 인본주의 교육과정의 영향을 받았던 제4차 교육과정에서 등장하였다. 제4차 교육과정은 인간중심 교육과정을 학교교육의 기초로 삼았다. 1960년대에 이미 교과의 통합을 중시하는 경험중심 교육과정이 제시되었다. 그러나 1970년대에 학문중심 교육과정이 대두되면서 분과교과를 강조하는 방향으로 전환되었다. 1980년대에 학문중심 교육과정에 대한 비판이 본격화되면서 인간중심 교육과정이 다시 주목을 받았다. 인간중심 교육과정은 학교교육에서 인격완성과 전인교육을 강조하였다. 학교교육은 이러한 교육을 실현하기 위한 방안으로 통합교과를 실시하였다.[1)]

1) 제4차 교육과정에서는 학교교육의 기본 이념으로 전인교육 외에 진로교육, 국민정신교육을 제시하였다.

제4차 교육과정에서 전인교육을 강조하게 된 데에는 1980년대의 학교교육에 대한 비판과 연계된다. 학교교육은 본질적 목적인 교육에 대한 관심보다는 교육의 단편적인 문제인 대학입시, 학생 문제 등의 수단적 가치에 몰입되었다. 따라서 학교교육은 교과와 지식을 가르치는 것으로 비판을 받고 있었다.

제4차 교육과정에서 통합교과의 형성배경은 세 가지로 대별할 수 있다. 첫째, 인격통합을 위한 전인교육의 강조이다. 전인적 교육을 위하여 지식뿐만 아니라, 정의적 영역의 교육이 고려되면서 학습자의 지식, 행동, 사고력 등이 통합된 교육을 필요로 하였다. 둘째, 이전의 교육과정은 초등학교의 교과목이 분과적으로 나누어졌다는 것이다. 초등학교의 교과목이 분과적으로 나누어져서 학습 내용이 과다하고, 중복되는 내용으로 학습 시간의 낭비 현상이 발생하였다. 셋째, 제4차 교육과정은 1980년대에 세계적으로 확산되고 있었던 교육과정의 변화에 영향을 받았다. 유럽과 미국, 아세아 지역은 1980년 이후 간학문적 접근, 다학문적 접근 등을 통하여 교과통합을 실시하고 있었다. 이러한 세계적 추이는 우리나라의 교육과정 형성에 영향을 준 것이다.[2]

통합교과는 인간교육의 중시, 분과된 교과목의 정리, 그리고 세계적으로 대두된 교과통합의 영향으로 형성된 것이다.

(2) 초등학교 통합교과의 변천

제4차 교육과정은 교육과정에서 통합교과에 대한 지향이 있었다. 교육과정에 통합교과에 대한 사항이 제시된 것은 제2차 교육과정(1963~1973)의 운영지침(교과활동 (3)항 ①)의 "1, 2학년의 학습지도는 교과간의 관련성을 고려하여 종합적 지도에 힘쓸 것"과 제3차 교육과정(1973~1981)의 운영지침(㉮항)의 "1, 2학년의 학습 활동은 가급적 관련 있는 교과를 통합하여 종합적으로 이루어지도록 한다." 등이 명시되었다. 제4차 교육과정이 성립하기 전에 초등학교 저학

2) 이영만(2001), 「통합교육과정」, 학지사, pp. 15~16.

년에서 통합교과를 지향하는 교육 활동이 부분적으로 이루어지고 있었다. 그러나 제3차까지의 교육과정에서는 통합교과서를 제시하지는 않았다. 그리고 통합교과서는 제4차 교육과정(1981~1987)에서 비로소 제시되었으나 통합교육과정으로 이어지지는 못하고 제5차 교육과정에서부터 실시되었다.

제4차 교육과정이 성립된 이후에 초등학교의 통합교과 내용은 다음과 같다.

가) 제4차 교육과정에서 통합교과

제4차 교육과정에서 초등학교 통합교과는 분과교과를 묶어서 통합교과서로 구성하고, 통합교과에 의하여 시간운영을 하였다. 그러나 교육과정에서는 분과교과 명칭에 따라서 각 교과별로 목표, 내용, 지도상의 유의점 등을 제시하였다. 여전히 분과주의적 견해가 남아 있던 시기이다. 제4차 교육과정은 통합교육과정 발전 단계에서 과도기적 역할을 담당하였다. 제4차 교육과정은 초등학교 1, 2학년 교과 편제에 국어 · 도덕 · 사회를 묶어 '바른생활', 산수 · 자연을 묶어서 '슬기로운생활' 그리고 체육 · 음악 · 미술을 묶어 '즐거운생활'이라는 통합교과서를 개발하였다. 그리고 입학 초기인 3월 한 달은 '우리들은 1학년'이라는 하나의 통합교과서를 가지고 가르치도록 하였다.[3]

제4차 교육과정에서 통합교과에 대한 수업 시간 배정은 다음 〈표 1〉과 같다.

〈표 1〉 제4차 교육과정의 통합교과 수업시간 배정표

기존교과	통합교과	연간 수업시간		대상학년
		1학년	2학년	
	우리들은 1학년	59시간	-	1학년(3월)
도덕, 국어, 사회	바른생활	374시간	374시간	1, 2학년
산수, 자연	슬기로운생활	204시간	-	1학년(2학년은 분리)
체육, 음악, 미술	즐거운생활	204시간	238시간	1, 2학년

3) 교육과학기술부(2008), 「초등학교 교육과정 해설 Ⅱ」, 대한교과서, p. 7.

나) 제5차 교육과정에서 통합교과

제5차 교육과정은 제정시기부터 통합교과를 전제로 통합교육과정이 실시되었다. 이것은 국가 수준의 교육과정에서 분과주의를 벗어나 교과 편제에서부터 통합교과가 제시된 것이다. 제5차 교육과정은 통합교과서 수준의 통합을 교육과정 수준의 통합으로 끌어올렸다는 의미를 갖는다. 제5차 교육과정은 통합교과 명칭에 의하여 교과 목표와 내용, 지도 및 평가상의 유의점 등을 제시하였다. 제5차 교육과정에서 통합교과는 '우리들은 1학년', '바른생활', '슬기로운생활', '즐거운생활'로 하였다. 이것은 제4차 교육과정에서 통합교과와 같다. 다만 통합구성에서 변화가 있었다. '바른생활'은 사회와 도덕을 포함하고 국어를 제외시켰다. '슬기로운생활'은 자연을 포함하고 산수를 제외시켰다. 국어와 산수는 언어적 능력과 수리적 능력을 다루는 교과로서, 다른 교과들에 선행하는 도구적 교과로서의 가치를 인정하여 독립교과로 하였다.[4] '즐거운생활'은 체육, 음악, 미술을 포함하여 기존 통합 내용을 유지하였다.

제5차 교육과정에서 통합교과에 대한 수업 시간 배정은 다음 〈표 2〉와 같다.

〈표 2〉 제5차 교육과정의 통합교과 수업시간 배정표

통합교과	연간 수업시간		대상학년
	1학년	2학년	
우리들은 1학년	70시간	-	1학년(3월)
바른생활	120시간	136시간	1, 2학년
슬기로운생활	60시간	68시간	1, 2학년
즐거운생활	180시간	238시간	1, 2학년

다) 제6차 교육과정에서 통합교과

제6차 교육과정에서 통합교과는 어린들의 학습과 일상생활에 필요한 기본

4) 이영만(2001), 「통합교육과정」, 학지사, pp. 218~219.

능력과 태도 육성에 중점을 두었다. 제6차 교육과정에서 통합교과는 '우리들은 1학년', '바른생활', '슬기로운생활', '즐거운생활'로 하였다. 통합교과 '우리들은 1학년'은 학교 적응활동으로 하였다. 제6차 교육과정은 지방분권화를 강조하면서 교육부에 고시한 교육과정을 기준으로 지역과 학교의 특성에 맞도록 편성, 운영하도록 하였다. 통합교과 학교 적응활동은 지역사회와 학교 실정에 맞는 내용을 자율적으로 구성하여 가르치게 되었다. 그리고 '바른생활'은 도덕만 포함하고 사회를 제외시켰다. 사회과는 현상에 대한 탐구와 인식을 다룬다는 이유로 자연과목과 통합되어 '슬기로운생활'로 편입되었다. '즐거운생활'은 체육, 음악, 미술을 포함하여 기존 통합 내용을 유지하였다. 또한 산수의 명칭이 수학적 사고력을 강조한다는 이유로 '수학'으로 바뀌었다.

제6차 교육과정에서 통합교과에 대한 수업 시간 배정은 다음 〈표 3〉과 같다.

〈표 3〉 제6차 교육과정의 통합교과 수업시간 배정표

통합교과	연간 수업시간		대상학년
	1학년	2학년	
우리들은 1학년	70시간	-	1학년(3월)
바른생활	60시간	68시간	1, 2학년
슬기로운생활	120시간	136시간	1, 2학년
즐거운생활	180시간	238시간	1, 2학년

라) 제7차 교육과정에서 통합교과

제7차 교육과정은 통합교과 구성에서 활동중심의 주제에 의한 통합적인 운영을 실시하였다. 제7차 교육과정에서 통합교과는 '우리들은 1학년', '바른생활', '슬기로운생활', '즐거운생활'로 제시되었다. '우리들은 1학년'은 제6차 교육과정에서는 시 · 도에 위임하였던 교육과정 편성권을 회수하여 국가 수준의 교과의 성격, 목표, 내용, 방법, 평가에 관한 기준을 제시하였다. 제7차 교육과정에서 통합교육과정은 '학습자중심 교육'을 기본 틀로 삼고 학습자를 위한 교육내용

선정과 조직에서 활동중심 주제에 의한 탈교과적 통합방식을 채택하였다. 제7차 교육과정에서 통합교과는 어린이들이 생활 주변에서 제시되는 제반 생활 경험과 활동을 통하여 생활에 대한 초보적인 경험과 생활규범을 익히며 심신을 발달시키려는데 목적을 두게 된다. 이것은 교과와 교과간의 통합개념에서 탈피하여 통합의 개념을 재정립한 것이다.[5] 제7차 교육과정에서 통합교과에 대한 수업시간 배정은 다음 〈표 4〉와 같다.

〈표 4〉 제7차 교육과정의 통합교과 수업시간 배정표

통합교과	연간 수업시간		대상학년
	1학년	2학년	
우리들은 1학년	80시간	-	1학년(3월)
바른생활	60시간	68시간	1, 2학년
슬기로운생활	90시간	102시간	1, 2학년
즐거운생활	180시간	204시간	1, 2학년

이와 같이 우리나라는 초등학교 통합교과가 제시된 것은 제4차 교육과정에서이다. 그러나 제4차 교육과정에서는 교과서만 통합되고 교육과정에서 여전히 분과주의를 따랐다. 이후 제5차 교육과정은 국가 수준의 통합교육과정이 제시되어 통합교과 각각의 목표, 내용, 지도 및 지침을 제시하였다. 제6차 교육과정에서는 교육이 지방분권화에 따라서 통합교과 '학교 적응활동'은 지역과 학교의 실정에 맞도록 편성, 운영하도록 하였다. 제7차 교육과정에서 통합교과는 '학습자중심 교육'을 기본 틀로 삼고 학습자를 위한 교육내용을 선정하여 활동중심 주제에 의한 탈교과적 통합방식을 채택하였다.

5) 함종규(2004), 「한국교육과정 변천사 연구」, 교육과학사, p. 706.

2) 초등학교 통합교과의 교육적 기능

통합교과의 교육적 기능은 통합교과가 교육의 실제에 있어서 어떠한 효과가 있는지에 대한 논의이다. 통합교과의 교육적 효과는 통합교과의 인식론적 기능, 통합교과의 심미적 기능, 통합교과의 사회적 기능으로 살펴볼 수 있다.

(1) 통합교과의 인식론적 기능

통합교과의 인식론적 기능은 학습자가 지식을 기억하고 판단하여 활용하는 의식작용에 도움을 주고자 하는 것이다. 통합교과는 교사와 학생으로 하여금 지식의 팽창과 변화에 대처할 수 있게 한다. 지식들 간의 관련성을 높이며, 지식의 의미와 유용성을 높인다. 통합교과의 인식론적 기능은 세 가지로 요약할 수 있다.

첫째, 통합교과는 지식의 변화 혹은 지식의 폭발적 증가에 대처하는 한 방법이다. 지식은 기하급수적으로 증가하는 반면 학교교육은 시간이 제한되어 있기 때문에 모든 지식을 학교에서 가르칠 수 없다. 그래서 학교 교육과정 구성은 어떤 지식을 포함시키고 어떤 지식은 배제할 것인가를 결정하게 된다. 이 경우 여러 교과에서 공통적인 핵심적 개념과 원리를 중심으로 교육과정을 통합함으로써 학습의 효율성과 경제성을 가질 수 있게 한다. 따라서 통합교과는 엄격하게 구분된 교과의 범위를 탄력성과 융통성을 가지고 지식의 변화에 대한 적응력을 기르게 한다. 이를 통하여 각 지식 영역에 대한 차별성보다는 관련성에 초점을 두어 지적인 능력을 기르는 데 효율적이다.

둘째, 통합교과는 밀접하게 다른 영역의 지식과 연계된다. 현대의 학문적 경향은 각자의 학문에 독특한 앎과 경험의 방식이 있다는 논리로 학문, 교과들을 구분하였다. 그러나 실제 일상생활 속에서 그런 분절된 구분은 존재하지 않는다. 통합교과는 생활의 종합적 관점과 다른 영역의 지식을 관련짓는 능력을 기를 수 있다. 그리고 다양한 영역의 지식의 복잡성과 상호 관련성을 증대시킴으로써 지식을 유용하게 학습하며 활용할 수 있게 되는 것이다. 인간의 경험들을 상호 연결되고 통합됨으로써 보다 효과적인 학습 성장을 촉진할 수 있게 되는 것이다.[6)]

셋째, 통합교과는 각 교과들이 공통적으로 추구하는 목적을 종합하는 효과를 얻는다. 분과교과는 각 교과에 대한 비중의 차별화를 가져왔다. 학교에서 배우는 모든 교과들이 학습자들에게 동일한 의미와 가치를 가지지는 못한다. 어떤 교과는 지식을 제공해 주는 지적인 교과로서 주요 교과로 분류되지만 어떤 교과는 정서, 심미적 안목 등을 중시하는 교과로서 부차적인 교과로 분류되었다. 이런 해석처럼 각 교과는 다른 독특성을 갖고 있는 측면도 있지만, 교과를 주요 교과와 그렇지 못한 교과로 분류하게 되어 각 교과들이 학교 교육과정을 통해서 교육목적을 달성하는 데 저해되는 면이 있다. 학교교육의 궁극적 목적들은 일반적으로 전인교육, 인격 조화, 자아실현 등의 추상적인 용어로 표현되기는 하지만, 각 교과들은 교과 목표뿐 아니라 교육 목적의 달성에도 어떤 형태로든 공헌해야 하는 것이다.[7)]

(2) 통합교과의 심리적 기능

통합교과의 심리적 기능은 학습과정에서 학습자와 학습내용 간의 상호작용에 있어서 통합교과의 심리적 차원에 관한 것이다. 통합교과의 심리적 기능을 두 가지로 설명한다.

첫째, 통합교과는 학습자의 학습이 용이한 교육내용을 제공할 수 있다. 통합교과를 통한 학습은 다음과 같은 다섯 가지 측면에서 효율적인 학습의 조건을 제시한다. ① 통합교과는 학문의 순수한 논리적 기초보다는 학습자의 심리적

6) 김재복(2007), 「통합교육과정」, 교육과학사, p. 22.
7) 이영만(2001), 「통합교육과정」, 학지사, p. 42.

특성인 학습자의 요구, 흥미, 호기심, 활동 등에 근거하여 구성된다. ② 통합교과는 Piaget의 구체적 조작기나 맥락주의와 일치하는 관점에서, 일상생활의 구체적인 경험 그리고 실제적인 상황과 밀접한 관련이 있는 내용들로 구성된다. ③ 통합교과에서의 수업은 추상적인 것보다는 구체적인 것을 강조하고, 학생의 참여와 개입을 적극적으로 유도하며, 협동학습의 기회를 제공하는 등 학습자의 흥미를 자극함으로써 학습 동기 유발에 효과적이다. ④ 학습자들에게 무엇을 알아야 하느냐가 아니라, 학습하는 방법과 절차에 초점을 둠으로써 학습의 유용성이 오랫동안 유지되며, 자신의 학습에 대한 책임감을 부여한다. ⑤ 학습한 정보를 다양한 맥락에서 효율적으로 활용할 수 있는 학습이 이루어지기 때문에 통합교과를 통해 전이 가능성이 높은 내용을 학습하게 된다.[8)]

둘째, 통합교과는 전인적인 인격 발달과 긍정적인 자아 개념 형성에 도움이 된다. 전인 교육은 지 · 덕 · 체의 조화된 발달이다. 특정 교과나 학문 영역만을 집중적으로 학습할 경우 그 교과나 학문 영역의 성격에 유사한 성품을 지니게 될 가능성도 높고, 지적 영역의 자질만 발달시키게 될 가능성이 높다. 사람들은 탐구한 지식 영역의 특징을 그대로 자신의 인격의 일부로 받아들이게 될 가능성이 높다. 그렇기 때문에 전인교육은 추구하는 바와 같이 균형잡힌 교육을 하기 위해서는 고도로 통합된 교육과정에 의한 학습이 이루어져야 하는 것이다. 또 분과화된 교과에서는 인지적 영역을 강조하지만 통합교과에서는 비인지적 측면을 강조한다. 통합과정은 인격의 다양한 측면에 관심을 가지며, 특히 자기 주도적 학습과 개인적 책임을 강조하는 경향이 있기 때문에 학습자들의 긍정적인 자아 개념을 형성하는 데에도 큰 도움이 된다.[9)]

(3) 통합교과의 사회적 기능

통합교과의 사회적 기능은 학습자들이 사회생활을 영위하는데 어떤 이점을

8) 이영만(2001), 「통합교육과정」, 학지사, p. 45.
9) 김재복(2007), 「통합교육과정」, 교육과학사, pp. 25~27.

주는가에 대한 논의이다. 통합교과의 사회적 기능은 세 가지로 살펴볼 수 있다.

첫째, 통합교과는 협동심과 공동 문제의 해결의 능력을 길러줄 수 있다. 현대 사회는 개인과 사회가 당면하는 문제를 해결하기 위해서는 모든 관련 분야가 공동적으로 협력하고 기여해야 한다. 통합교과는 학습 상황에서 개별화 학습을 통한 협동심을 기를 것을 중시한다. 따라서 공동의 문제해결에 필요한 협동과 협력의 방법을 익히게 된다.[10)]

둘째, 통합교과는 간학문적 협력 또는 여러 분야의 전문지식을 요구하는 상황에 대처할 수 있는 능력을 기를 수 있다. 한 개인은 주어진 문제를 해결하기 위해서 스스로 다양한 영역의 지식을 동원하는 학습경험을 할 필요가 있다. 그리고 현대사회에서 요구되는 문제해결력은 문제의 구성 요소들을 나누어서 접근하는 분석적 사고보다는 구성 요소들 간의 관계를 중시하는 종합적 사고이며, 선형적이고도 논리적인 접근에 의한 학습경험이 보다 유용하다. 이러한 학습경험을 제공하기 위해 통합교과에서는 환경 교육이나 성 교육 등 사회적인 문제를 중심으로 주제를 선정하여 학습 내용을 구성하고 협동의 과정을 통한 학습경험을 제공하는 것을 선호한다.[11)]

셋째, 통합교과는 학교와 사회의 괴리 현상을 해소하여 학습들에게 학교와 사회를 연결시켜 준다. 통합교과는 학습자들에게 실용적, 실제적인 학습경험을 제공하여 사회가 요구하는 실제와 현실적인 것을 경험하도록 한다. 그 결과 학교에서의 학습경험이 곧 바로 사회에서의 일상생활에 그대로 전이되는 효과가 있다.[12)]

이와 같이 초등학교 통합교과의 교육적 기능은 크게 통합교과 인식론적 기능, 통합교과 심리적 기능, 통합교과 사회적 기능으로 구분하여 제시할 수 있다. 통합교과 인식론적 기능은 지식을 기억하고, 판단하고, 활용하는 의식작용

10) 김재복(2007), 「통합교육과정」, 교육과학사, pp. 27~28.
11) 이영만(2001), 「통합교육과정」, 학지사, p. 47.
12) 진영관 · 조인진 · 김봉석(2007), 「교육과정과 교육평가의 탐구」, 학지사, p. 211.

과 관련된 기능으로서 지식의 변화에 대처하는 것과 다른 지식과 관련하여 각 교과들이 공통적으로 추구하는 목적을 통합하여 제시할 수 있다. 통합교과 심리적 기능은 학습자의 욕구, 흥미, 호기심, 활동 등을 중시하여 학습자와 학습내용을 서로 상호 관련시켜 학습자의 학습을 용이하게 한다. 그리고 전인적인 인격 발달과 긍정적인 자아개념 형성에 도움을 주고 있다. 통합교과 사회적 기능은 학교와 사회의 괴리 현상을 해소시켜 줌으로써 사회문제에 대처할 수 있는 능력을 기른다.

2. 초등학교 통합교과 즐거운생활

초등학교 통합교과의 즐거운생활은 체육, 음악, 미술의 교과가 통합하여, 기초적 예술교육을 시행한다. 본 절에서는 즐거운생활 성격과 목표 그리고 즐거운생활 교과의 내용체계를 살펴보고자 한다.

1) 즐거운생활 교과의 성격과 목표

(1) 즐거운생활 교과의 성격

즐거운생활 교과는 초등학교 1, 2학년 교과이다. 즐거운생활은 신체, 음악, 미술을 통합한 예술교육 활동이다. 즐거운생활은 유치원 교육과정에서 여섯 가지 생활 영역 중 건강생활 영역과 표현생활 영역과 관련을 맺으며, 초등학교 3학년부터 분과되어 학습되는 체육, 음악, 미술 교과와 연계성을 가진다. 즐거운생활은 예술적 표현활동에서 자신의 생각과 느낌, 감정을 신체, 음악, 미술활동을 통하여 신체의 움직임(동작), 소리(음악), 조형(미술)의 형태로 표현하는 능력을 기른다. 이를 통하여 신체, 정서, 사회적 발달을 촉구하여 전인격체로 성장할 수 있도록 돕는다. 그리고 즐거운생활은 어린이들에게 다양한 활동 중심의 단원으로 구성하여 하나의 주제에서 다양한 학습경험을 제공한다.

위와 같이 즐거운생활 교과는 어린이들의 삶을 보다 풍부하고 아름답게 만들려는 기초교양 교과의 성격을 가진다.

(2) 즐거운생활 교과의 목표

즐거운생활 교과의 목표는 제4차 교육과정에서는 체육, 음악, 미술로 구분되어 그 목표를 제시하였다. 체육은 여러 가지 놀이와 운동을 통하여 체력과 기초지식을 습득하고 즐거운생활 태도를 가지게 한다. 음악은 다양한 음악적 체험을 통하여 음악성을 계발하고 풍부한 정서, 창조성을 기른다. 미술은 조형적 표현과 감상활동을 통하여 미적 정서와 창조성을 기른다. 그리고 주변 환경을 아름답게 하는 능력과 애호하는 태도를 지니게 한다.[13] 제5차 교육과정에서는 놀이를 통하여 운동 능력을 기르고 풍부한 정서와 창조성을 계발하여 조화로운 인격을 형성시킨다.[14] 제6차 교육과정에서는 놀이와 표현활동을 통하여 건강하고 명랑한 생활을 영위하며, 창의적 표현력과 풍부한 정서를 가지게 한다.[15] 그리고 제7차 교육과정에서는 다양한 활동을 통하여 건강한 심신을 기르며, 창의적인 표현 능력과 심미적인 태도를 함양한다[16]로 제시되었다. 이와 같이 즐거운생활 교과의 목표는 어린이들의 신체적 건강, 풍부한 정서, 창의적 표현 능력을 기르데 중점을 두고 있다.

2) 즐거운생활 교과의 내용체계

즐거운생활 교과의 내용체계는 교육과정 변천에 따라서 구성에 차이가 있

13) 문교부(1987), 「즐거운생활지도서(1-1)」, 국정교과서주식회사, pp. 4~5.
14) 문교부(1987), 「초등학교 교육과정 해설」, 서울시인쇄공업협동조합, p. 143.
15) 문교부(1993), 「국민학교 교육과정 해설 Ⅲ」, 서울시인쇄공업협동조합, pp. 156~158.
16) 교육과정평가원(2001), 「즐거운생활지도서(2-2)」, 대한교과서주식회사, p. 18.

다. 제4차 교육과정의 즐거운생활은 체육, 음악, 미술이 분과화되어 개별적으로 내용을 제시하였다. 그리고 체육은 신체활동 영역으로 제시되었고, 음악과 미술은 표현활동 영역으로 제시되었다. 제5차 교육과정에서 즐거운생활은 체육, 음악, 미술이 신체적 활동, 표현활동, 감상활동의 3영역으로 구분하여 제시되었다. 여기서 체육은 신체활동과 더불어 표현활동을 포함하였다. 따라서 제5차 교육과정에서 즐거운생활은 표현활동 영역이 확대되었다. 제6차 교육과정의 즐거운생활은 신체활동, 표현활동, 감상활동의 3영역으로 구분하여 제시되었다. 제5차 교육과정에서 즐거운생활의 내용영역과 별다른 변화는 없었다. 제7차 교육과정의 즐거운생활은 놀이와 표현활동, 감상활동, 이해활동의 3영역으로 구분하여 제시되었다. 그리고 즐거운생활은 제4차, 제5차, 제6차 교육과정에서는 한 단원이 6~7차시로 구성되었고, 제7차 교육과정의 즐거운생활에서는 한 단원이 8~12차시, 또는 21개 차시로 구성되었다. 즐거운생활은 교육과정에서 다음과 같은 내용체계를 가진다.

(1) 제4차 교육과정에서 즐거운생활

제4차 교육과정의 즐거운생활은 개정시 통합에 대한 합의가 이루어졌다. 그러나 실제 교육과정에서는 통합교과로 제시되지 않았다. 제4차 교육과정의 즐거운생활은 체육, 음악, 미술의 각 교과 명칭을 사용하여 내용을 제시하였다. 그리고 즐거운생활은 체육영역에서 무용영역을 명시하였다. 즐거운생활은 1학년은 주당 6시간, 2학년은 주당 7시간으로 하였다. 제4차 교육과정에서 즐거운생활의 내용체계는 〈표 5〉와 같다.

〈표 5〉 제4차 교육과정 즐거운생활의 내용

체육	기본동작	-집합, 정렬, 바른 자세, 행진 등의 집단활동을 한다. -맨손으로 익힐 수 있는 여러 가지 운동을 한다. -걷기, 달리기, 뜀뛰기 등의 운동을 한다.

체육	기본동작		-매트, 철봉, 뜀틀, 평균대 및 고정 시설을 이용하여 간단한 운동을 한다. -작은 기구를 사용하여 여러 가지 놀이를 한다. -물에 익숙하기 위한 여러 가지 놀이를 한다.
	게임		-40~60미터 전력달리기를 한다. -간단한 이어달리기를 한다. -규칙이 단순한 술래잡기를 한다. -던지기, 받기, 차기, 멈추기 등의 간단한 공 운동을 한다. -당기기와 말기 운동을 한다.
	무용		-간단한 움직임으로 노래에 맞춰 놀이를 한다. -동물, 자연, 기계 등의 모양과 움직임을 간단하게 흉내낸다.
	보건		-바르게 식사하는 습관을 가진다. -깨끗하고 튼튼한 이를 가진다. -계절에 알맞은 옷을 입는다. -놀이터, 통학로 등에서 안전하게 생활을 한다.
음악	기본 능력	리듬	-전체적인 리듬의 흐름에 따라 신체적으로 반응한다. -민음표를 중심으로 한 2/4, 4/4, 3/4 박자의 단순한 리듬을 읽고 치며, 듣고 가린다.
		가락	-전체적인 가락의 흐름을 감지하고 표현한다. -글자악보에 의하여 계이름을 부른다.
		화음	-청각을 통하여 화성의 울림을 듣고 느낀다.
		형식	-한 악곡 속에서 반복되는 가락을 듣고 느낀다. -한 악곡 속에서 다른 가락을 듣고 느낀다.
		빠르기	-빠른 악곡과 느린 악곡의 특징을 감지하고 표현한다. -일정한 빠르기로 표현한다.
	기본 능력	셈여림	-센 소리와 여린 소리를 분별하며 표현한다. -셈여림에 따라 변화되는 악곡의 특징을 느끼고 표현한다.
		음색	-리듬악기의 음색을 분별한다. -가락악기의 음색을 분별한다.
	표현 동작	가창	-바른 자세와 무리 없는 소리로 부른다. -듣고 부르기로 부른다. -가사의 뜻과 악곡의 특징을 살려서 부른다. -제창, 독창, 돌림노래를 한다.

<table>
<tr><td rowspan="3">음악</td><td></td><td>기악</td><td>-리듬악기의 주법을 익힌다.
-단순한 리듬 합주를 한다.</td></tr>
<tr><td></td><td>창작</td><td>-이미 알고 있는 노래를 개성에 따라 자유롭게 표현한다.
-리듬 모방놀이를 한다.
-악곡의 특징에 따라 리듬 합주의 현성을 생각한다.</td></tr>
<tr><td colspan="2">감상능력</td><td>-리듬과 가락의 변화 및 악기의 음색에 흥미를 느낀다.</td></tr>
<tr><td rowspan="5">미술</td><td rowspan="4">표현</td><td>조형놀이</td><td>-표현놀이: 여러 가지 물체를 이용하여, 나타내고 싶은 것을 자유롭게 표현한다.
-관찰놀이: 여러 가지 주변 사물을 관심 있게 살펴본다.</td></tr>
<tr><td>회화로 표현하기</td><td>-경험한 것 그리기: 생활 주변에서 본 것, 느낀 것, 생각한 것 등을 자유롭게 표현한다.
-보고 그리기: 대상을 관찰하고, 자기가 느낀 형과 색의 특징을 두드러지게 표현한다.
-상상하여 그리기: 연상, 상상, 희망 등을 자유롭게 표현한다.
-판화로 나타내기: 주변의 물체를 이용하여 자유롭게 표현한다.
-재미있는 방법으로 나타내기: 재료와 용구를 잘 이용하여, 나타내고 싶은 것을 자유롭게 표현한다.</td></tr>
<tr><td>조소로 표현하기</td><td>-경험한 것 나타내기: 생활 주변에서 본 것, 느낀 것, 생각한 것 등을 자유롭게 표현한다.
-상상하여 나타내기: 연상, 상상, 희망 등을 자유롭게 표현한다.
-재미있는 방법으로 나타내기: 재료와 용구를 잘 이용하여, 나타내고 싶은 것을 자유롭게 표현한다.</td></tr>
<tr><td>꾸미기와 만들기</td><td>-여러 가지 꾸미기: 10가지 정도의 색 이름을 알고, 간단한 무늬, 알리는 것 등을 재미있게 꾸민다.
-환경 꾸미기: 간단한 장식품, 환경 등을 재미있게 꾸민다.
-물건 만들기: 여러 가지 간단한 모양의 물건을 재미있게 만든다.</td></tr>
<tr><td colspan="2">감상하기</td><td>서로의 작품 감상하기: 서로의 작품을 소중히 여기고 보며, 재미있게 느껴지는 점을 찾는다.</td></tr>
</table>

* 문교부(1987), 「즐거운생활1-1(지도서)」, 국정교과서주식회사, pp. 5~7, 참고.

제4차 교육과정의 즐거운생활은 내용체계는 체육, 음악, 미술 각 교과로 구분하여 제시하였다. 체육은 기본운동, 게임, 무용, 보건활동을 포함하였고, 음악과 미술은 표현능력과 감상능력을 포함하였다. 그리고 즐거운생활은 체육을 신체활동으로 국한시키고 있는 반면, 음악과 미술은 표현과 감상활동으로 하였다.

(2) 제5차 교육과정에서 즐거운생활

제5차 교육과정의 즐거운생활은 교육과정에서 통합교과로 내용체계를 구성하였다. 내용체계는 신체활동, 표현활동, 감상활동으로 제시되었다. 신체활동 영역은 기초적 동작 익히기, 건강과 안전, 질서지키기, 여러 사람이 사이좋게 어울리는 활동 등으로 제시되었다. 표현활동 영역은 청각, 시각적인 자극에 반응하기, 목소리, 악기 등을 사용하여 음악적 표현활동하기, 여러 가지 재료를 이용하여 시각적 형태로 표현하는 조형활동하기로 구성되었다. 감상활동 영역은 다양한 표현활동에 반응하면서 그 특징을 느끼게 하는 활동, 자기주변의 자연환경에서 아름다움을 찾는 활동으로 제시하고 있다.[17] 그리고 시간 배당 기준은 1학년 주당 6시간, 2학년은 주당 7시간으로 하였다. 제5차 교육과정에서 즐거운생활의 내용체계는 〈표 6〉과 같다.

〈표 6〉 제5차 교육과정 즐거운생활의 내용

학년 영역	1학년	2학년
신체활동	-몸의 움직임에 나타나는 빠르기와 방향 익히기 -제자리에서 몸을 굽히거나 흔들기 -달리기와 구르기 등의 여러 가지 기초기능 익히기 -간단한 기구를 사용하는 놀이 기능 익히기 -여러 사람과 어울려 하는 놀이하기 -온 몸으로 즐겁게 조형 놀이하기 -노래에 맞추어 간단한 놀이하기 -안전과 질서를 지키는 놀이하기	-몸의 움직임에서 나타나는 빠르기, 방향과 힘의 세기 익히기 -제자리에서 몸을 굽히거나 흔들기 -달리기, 뜀뛰기 및 구르기 등의 여러 가지 기초기능 익히기 -간단한 기구를 사용하는 놀이 기능 익히기 -여러 사람과 어울려 하는 놀이하기 -온 몸으로 즐겁게 조형 놀이하기 -노래에 맞추어 간단한 놀이하기 -안전과 질서를 지키는 놀이하기

17) 문교부(1987), 「초등학교 교육과정 해설」, 서울시인쇄공업협동조합, p. 9.

표현활동	-생활 주변의 여러 가지 모양과 움직임을 흉내내기 -단순한 리듬에 맞춰 여러 가지 신체표현하기 -단순한 가락의 박자와 빠르기를 표현하기 -가사의 뜻을 살려 노래 부르기	-생활 주변의 여러 가지 모양과 움직임을 흉내내기 -단순한 리듬에 맞춰 여러 가지 신체표현하기 -단순한 가락의 박자와 리듬 및 빠르기를 표현하기 -가사의 뜻을 살려 노래 부르기
	-노래에 맞추어 단순한 리듬악기로 합주하기 -여러 가지 소리를 모방하거나 쉬운 노래를 개성에 따라 표현하기 -재미있었던 일을 여러 가지로 표현하기 -연상, 공상, 희망 등을 자유롭게 표현하기 -재미있는 이야기를 듣고 그림으로 표현하기 -여러 가지 모양과 색으로 재미있게 꾸미거나 만들기 -간단한 장식품과 여러 가지 물건을 꾸미거나 만들기	-노래에 맞추어 단순한 리듬악기로 합주하기 -여러 가지 소리를 즉흥적으로 표현하거나 쉬운 노래를 자유롭게 표현하기 -재미있었던 일을 여러 가지로 표현하기 -연상, 공상, 희망 등을 자유롭게 표현하기 -재미있는 이야기를 듣고 그림으로 표현하기 -여러 가지 모양과 색으로 재미있게 꾸미거나 만들기 -간단한 장식품과 여러 가지 물건을 꾸미거나 만들기
감상활동	-여러 가지 발표회를 보며 즐기기 -가락을 듣고 신체적 반응을 하면서 즐기고 그 특징을 느끼기 -여러 가지 악기의 음색이나 음성에 관심 갖기 -서로의 작품을 보고 재미있는 점 찾아보기 -자기 주변의 자연 환경에 관심을 가지고 아름다운 점 찾아보기	-여러 가지 발표회를 보며 즐기기 -가락을 듣고 신체적 반응을 하면서 즐기고 그 특징을 느끼기 -여러 가지 악기의 음색이나 음성에 관심 갖기 -서로의 작품을 보고 재미있는 점 찾아보기 자기 주변의 자연환경에 관심을 가지고 아름다운 점 찾아보기

* 문교부(1987), 「초등학교 교육과정 해설」, 서울시인쇄공업협동조합, p. 9~11.

위 표와 같이 제5차 즐거운생활은 내용 영역이 신체활동, 표현활동, 감상활동이며, 1, 2학년 각각 24개의 내용으로 구성하여 통합 · 운영하였다.

(3) 제6차 교육과정의 즐거운생활

제6차 교육과정의 즐거운생활은 내용체계 영역은 신체활동, 표현활동, 감상활동으로 구분하여 제시되었다. 이것은 제5차 즐거운생활과 동일한 것이다. 신체활동 영역은 여러 가지 놀이와 신체활동을 통하여 운동 기능을 익히고 발달시킬 수 있는 걷기, 달리기, 뜀뛰기, 던지기, 피하기, 이어달리기 등과 계절놀이, 민속놀이, 안전과 질서 등을 포함하였다. 표현활동 영역은 시각, 청각에 의한 신체표현과, 느낀 점이나 상상한 것 표현하기, 놀잇감 등을 조형적으로 표현하기, 악기나 목소리에 의한 음악적 표현활동 등이 제시되었다. 감상활동 영역은 여러 가지 게임이나. 운동 경기 즐기기, 음악과 미술 작품 등의 감상활동을 통하여 아름다움에 대한 관심과 흥미를 갖도록 제시되었다.[18] 그리고 시간 배당 기준은 1학년은 주당 6시간, 2학년은 주당 7시간으로 하였다. 제6차 교육과정에서 즐거운생활의 내용체계는 〈표 7〉과 같다.

〈표 7〉 제6차 교육과정 즐거운생활의 내용

학년 영역	1학년	2학년
신체활동	-자연이나 동물 등의 여러 가지 모양과 움직임을 흉내내며 놀이하기 -다른 사람의 움직임을 변화 있게 흉내내기 -걷기, 달리기, 뜀뛰기 등의 여러 가지 놀이하기 -시설물이나 기구를 이용하여 놀이하기 -계절놀이하기 -민속놀이하기 -안전과 질서를 지키는 놀이하기	-자연이나 동물들의 여러 가지 모양이나 움직임, 또는 소리를 흉내내며 놀이하기 -다른 사람의 움직임과 소리를 변화 있게 흉내내기 -던지기, 피하기, 이어달리기 등의 여러 가지 놀이하기 -시설물이나 기구를 이용하여 놀이하기 -여럿이 어울려 계절놀이하기 -여럿이 어울려 민속놀이하기 -안전과 질서를 지키는 놀이하기

18) 문교부(1993), 「국민학교 교육과정 해설(Ⅲ)」, 서울시인쇄공업협동조합, pp. 21~22.

표현활동	-여러 가지 모양과 소리로 나타내기 -노래 듣고 부르기 -음악에 따라 신체표현하기 -그림 악보를 보며 노래 부르기 -간단한 리듬 합주하기 -생활 주변에서 보고 느낀 것 나타내기 -상상한 것 나타내기 -재미있는 모양 만들기 -장식품 꾸미기 -놀잇감 만들기 -여럿이 어울려 나타내기	-여러 가지 모양과 소리로 자유롭게 나타내기 -노래 듣고 부르기 -음악에 따라 자유롭게 신체표현하기 -악보를 보며 노래 부르기 -간단한 합주하기 -생활주변에서 보고 느낀 것 나타내기 -상상한 것 나타내기 -알리는 것 꾸미기 -재미있는 장식품 꾸미기 -재미있는 놀잇감 만들기 -여럿이 어울려 나타내기 -간단한 아동극 놀이하기
감상활동	-여러 가지 운동 경기를 보며 즐기기 -음악을 듣고 특징 찾아보기 -서로의 작품에서 좋은 점, 재미있는 점 찾아보기 -경기장, 음악회, 전시회, 학예회 관람하기	-여러 가지 운동 경기를 보며 즐기기 -리듬과 가락의 특징을 찾아보고 이야기하기 -서로의 작품에서 좋은 점, 재미있는 점 찾아보기 -경기장, 음악회, 전시회, 학예회 관람하고 이야기하기

위 표와 같이 제6차 즐거운생활은 내용 영역이 신체활동, 표현활동, 감상활동이며, 1학년에서는 24개의 내용이, 2학년에서는 25개의 내용으로 구성하여 통합운영하도록 하고 있다.

(4) 제7차 교육과정에서 즐거운생활

제7차 교육과정에서의 즐거운생활의 내용체계 영역은 놀이와 표현활동, 감상활동, 이해활동이다. 놀이와 표현활동 영역은 신체적, 음악적, 조형적 활동은 여러 가지 놀이와 표현을 통하여 나타내며, 통합적인 놀이 속에서 신체의 움직임이 있으며, 음악적, 조형적 활동이 함께 이루어질 수 있도록 한다. 그리고 놀이 과정에서 움직임 요소(신체, 공간 속도, 무게, 방향, 관계 등), 음악적 요소(리듬, 가락, 셈여림, 음색, 형식 등), 조형적 요소(선, 색, 모양, 질감 등)를 이해할 수 있도록 한다. 또한 주변생활에서 보고 느낀 것을 상상한 것 등을 재미있고 다양하게 나타낼 수 있도록 하는 표현활동이 신체적, 음악적, 조형적이 함께 이루어질 수 있도록 한다. 감상활동 영역은 활동이나 서로의 작품 속에서 좋은 점, 재미있는 점, 아름다움 점, 특징 등을 찾아볼 수 있는 학습경험을 제공하며, 여러 가지 발표회나 운동경기 등의 관람을 통하여 표현활동과 신체활동 등에 관심과 흥미를 가지도록 해서 아름다움을 느낄 수 있는 경험을 제공한다. 이해활동 영역은 여러 가지 놀이와 표현, 감상활동 속에서 학생들은 흥미와 관심을 가지고 즐겁게 놀이하고 표현하며 감상하면서 기본적인 신체움직임 요소, 음악적 요소, 조형적 요소를 이해하도록 한다. 그리고 시간 배당은 1학년은 주당 6시간, 2학년은 주당 7시간에서 6시간으로 축소되었다. 이것은 재량활동 시간을 확보하기 위하여 조정된 결과이다.[19] 제7차 교육과정에서 즐거운생활의 내용 체계는 〈표 8〉과 같다.

〈표 8〉 제7차 교육과정 즐거운생활의 내용[20]

학년 영역	1학년	2학년
놀이와 표현활동	(가) 여러 가지 놀이하기 -걷기, 달리기 등의 놀이하기 -매트, 공 등의 시설물과 기구를 이용하여 놀이하기 -게임하기 -여러 가지 흉내내기 -계절놀이하기 -간단한 민속놀이하기 -악기 놀이를 하기 -간단한 어린이극 놀이하기	(가) 여러 가지 놀이하기 -걷기, 달리기, 뜀뛰기 등의 놀이를 한다. -정글짐, 후프 등의 시설물과 기구를 이용하여 놀이하기 -재미있는 게임하기 -여러 가지 흉내를 내기 -여럿이 어울려 계절놀이를 한다. -재미있는 민속놀이를 하기 -여럿이 어울려 악기놀이하기

19) 문교부(1993), 「국민학교 교육과정 해설(Ⅲ)」, 서울시인쇄공업협동조합, pp. 21~22.
20) 문교부(1993), 「국민학교 교육과정 해설(Ⅲ)」, 서울시인쇄공업협동조합, pp. 23~25.

놀이와 표현활동	(나) 여러 가지 주제 표현하기 -자연에 관하여 자유롭게 나타내기 -주변 생활에 관하여 자유롭게 나타내기 -안전과 질서에 관하여 자유롭게 나타내기 -음악에 따라 자유롭게 표현하기 -노래를 듣고 부르기 -그림 악보를 보며 리듬 합주를 하기 -알리는 것, 장식품 등을 꾸미거나 만들기 -이야기를 듣고 재미있게 나타내기	-어린이 극놀이하기 (나) 여러 가지 주제 표현하기 -자연의 특징을 살려 다양하게 나타내기 -주변 생활의 특징을 살려 다양하게 나타내기 -안전과 질서에 관한 주제를 다양하게 나타내기 -음악에 어울리게 신체표현하기 -노래에 어울리게 리듬 합주하기 -간단한 노래 가사를 보고 부르기 -알리는 것, 장식품, 놀잇감 등을 꾸미거나 만들기 -상상한 것을 자유롭게 나타내기
감상활동	(가) 서로의 활동과 작품 감상하기 -노래에서 좋은 점, 재미있는 점, 아름다움에 관심과 흥미를 가진다. -서로의 표현에서 좋은 점, 재미있는 점, 아름다운 점 등을 찾아본다. (나) 문화 및 체육활동 관람하기 -음악회, 전시회, 학예회 등에서 좋은 점, 재미있는 점, 아름다운 점 등을 찾아본다. -운동경기에서 좋은 점, 재미있는 점 등을 찾아본다.	(가) 서로의 활동과 작품 감상하기 -놀이에 좋은 점, 재미있는 점, 아름다운 점, 특징 등을 찾아보기 -서로의 표현에서 좋은 점, 재미있는 점, 아름다움 점, 특징 등을 찾아본다. (나) 문화 및 체육활동 관람하기 -음악회, 전시회, 학예회 등에서 좋은 점, 재미있는 점, 아름다움 점, 특징 등을 찾아본다. -운동 경기에서 좋은 점, 아름다움 점, 특징 등을 찾아본다.
이해활동	(가) 신체의 움직임 요소 이해하기 -놀이와 표현을 통하여 신체, 공간, 속도, 무게, 방향, 관계 등을 이해한다. -감상을 통하여 신체, 공간, 속도, 무게, 방향, 관계 등을 이해한다. (나) 음악적 요소 이해하기 -놀이와 표현을 통하여 리듬, 가락, 셈여림, 빠르기, 음색 등을 이해한다. -감상을 통하여 리듬, 가락, 셈여림, 빠르기, 음색 등을 이해한다.	(가) 신체의 움직임 요소 이해하기 -놀이와 표현을 통하여 신체, 공간, 속도, 무게, 방향, 관계 등을 이해한다. -감상을 통하여 신체, 공간, 속도, 무게, 방향, 관계 등을 이해한다. (나) 음악적 요소 이해하기 -놀이와 표현을 통하여 리듬, 가락, 셈여림, 빠르기, 음색 등을 이해한다.

	(다) 조형적 요소 이해하기 -놀이와 표현을 통하여 선, 색, 모양, 질감 등을 이해한다. -감상을 통하여 선, 색, 모양, 질감 등을 이해한다.	-감상을 통하여 리듬, 가락, 셈여림, 빠르기, 음색 등을 이해한다. (다) 조형적 요소 이해하기 -놀이와 표현을 통하여 선, 색, 모양, 질감 등을 이해한다. -감상을 통하여 선, 색, 모양, 질감 등을 이해한다.

위 표와 같이 제7차 즐거운생활은 내용 영역이 놀이와 표현, 감상, 이해활동으로 구성되었으며, 1학년 2학년에서 내용 구성 빈도는 같다. 특히 제7차 즐거운생활은 이전 즐거운생활과는 달리 각 영역에서 신체와 음악, 미술활동이 보다 적극적으로 통합되어 전개될 수 있도록 하였다.

이와 같이 즐거운생활 내용체계는 제4차 교육과정에서는 체육, 음악, 미술로 제시되었다. 제5차 교육과정에서는 신체활동, 표현활동, 감상활동으로 제시되었다. 제6차 교육과정에서는 신체활동, 표현활동, 감상활동으로 제시되어 제5차 교육과정에서와 동일하였다. 그리고 제7차 교육과정에서는 놀이와 표현활동, 감상활동, 이해활동으로 제시되었다.

제 3 장

즐거운생활의 동작교육

1. 즐거운생활의 동작교육 지시문과 단원
2. 즐거운생활의 동작교육 목적
3. 즐거운생활의 동작교육 내용

즐거운생활 동작교육 분석 기준 내용은 무용교육을 기준으로 하였다. 무용교육 기준은 즐거운생활 내용 체계에서는 어린이들 주변 생활에서 볼 수 있는 동물, 자연물, 인공물, 상상세계, 이야기, 그리고 리듬(음악)에 맞춰 신체표현하기 등으로 제시되었다.

1. 즐거운생활의 동작교육 지시문과 단원

즐거운생활의 동작교육 지시문은 ~ 흉내내어 봅시다, ~ 움직여 봅시다, ~표현하여 봅시다, ~ 나타내어 봅시다, ~ 춤을 추어 봅시다, ~ 놀이하여 봅시다, ~ 몸짓하여 봅시다, ~ 꾸며 봅시다, ~ 만들어 봅시다, ~ 뽐내어 봅시다로 제시되었다.

1) 즐거운생활의 동작교육 지시문

즐거운생활의 동작교육 지시문은 제4차, 제5차, 제6차, 제7차 교육과정에서 제시된 지시문의 형태를 살펴보면 다음과 같다.

첫째, 흉내내어 봅시다는 동물움직임 흉내내어 봅시다, 비행기 나는 모습 흉내내어 봅시다, 친구 동작 흉내내어 봅시다.

둘째, 움직여 봅시다는 리듬에 맞추어 움직여 봅시다, 음악에 맞추어 움직여 봅시다, 소고치며 움직여 봅시다, 4박자 장단에 맞추어 움직여 봅시다, 장단에 맞추어 움직여 봅시다, 여러 가지 모양으로 움직여 봅시다, 친구와 똑같이 움직여 봅시다, 친구와 함께 움직여 봅시다, 비행기처럼 움직여 봅시다.

셋째, 나타내어 봅시다는 이야기를 춤으로 나타내어 봅시다, 봄 동산 나타내어 봅시다, 동물 움직임과 모습을 나타내어 봅시다, 달맞이 춤으로 나타내어 봅시다, 재미있는 모양을 나타내어 봅시다, 숫자 나타내어 봅시다, 무궁화 꽃을 나타내어 봅시다, 노래와 춤으로 나타내어 봅시다.

넷째, 표현하여 봅시다는 이야기 듣고 표현하여 봅시다, 이야기를 춤으로 표현하여 봅시다, 친구와 함께 표현하여 봅시다, 우주여행 모습을 표현하여 봅시다, 타고 날아가는 것들 표현하여 봅시다, 장단의 느낌을 표현하여 봅시다, 봄의 느낌을 표현하여 봅시다, 외계인 모습 표현하여 봅시다, 음악 듣고 표현하여 봅시다.

다섯째, 춤을 추어 봅시다는 즐겁게 춤을 추어 봅시다, 흥겹게 춤을 추어 봅시다, 노래 부르며 춤을 추어 봅시다, 음악에 맞춰 춤을 추어 봅시다, 장단에 맞추어 춤을 추어 봅시다, 탈춤 추어 봅시다, 탈을 쓰고 춤을 추어 봅시다, 달맞이 춤을 추어 봅시다, 소고춤 춤을 추어 봅시다, 노래에 맞추어 춤을 추어 봅시다, 동물의 탈을 쓰고 춤을 추어 봅시다, 재미있게 춤을 추어 봅시다, 친구와 정답게 춤을 추어 봅시다, 짝과 함께 춤을 추어 봅시다.

여섯째, 놀이하여 봅시다는 표현놀이하여 봅시다, 농악놀이하여 봅시다, 풍물놀이하여 봅시다.

그 밖에 민속춤, 소고춤 추어 봅시다, 리듬에 맞추어 몸짓하여 봅시다, 꽃과 나비가 되어 봅시다, 꽃동산을 꾸며 봅시다, 꽃모양을 만들어 봅시다로 제시되었다. 이와 같이 즐거운생활은 무용 지시문이 주로 흉내내기, 표현하기, 나타내기, 추어보기, 놀이하기, 몸짓하기, 되어 보기, 꾸며 보기, 만들어 보기, 뽐내어 보기로 제시되고 있음을 알 수 있다.

2) 즐거운생활의 동작교육 단원

즐거운생활의 동작교육 단원은 무용지시문에 의하여 각 교육과정에서 15~21개 단원이 있다. 제4차 교육과정에서 동작교육의 단원은 74개 단원 중 15개이다. 제5차 교육과정에서 동작교육의 단원은 60개 단원 중 19개이다. 제6차 교육과정에서 동작교육의 단원은 60개 단원 중 21개이다. 제7차 교육과정에서 동작교육의 단원은 39개 단원 중 18개이다. 그리고 동작교육의 단원은 초등학교 1, 2학년의 4개학기로 나누어서 보면 각 학년 학기별로 2~6개 단원이 제시되었다.

제4차 교육과정의 1학년 1학기의 동작교육은 즐거운생활의 14개 단원에서 4개 단원이 제시되었고, 제5차 교육과정의 1학년 1학기의 동작교육은 즐거운생활의 13개 단원에서 5개 단원이 제시되었다. 제6차 교육과정의 1학년 1학기의 동작교육은 즐거운생활의 13개 단원에서 5개 단원이 제시되었고, 제7차 교육과정의 1학년 1학기의 동작교육은 즐거운생활의 9개 단원에서 4개 단원이 제시되었다. 이들 동작교육의 단원명은 봄나들이, 망원경놀이, 흉내내기, 숫자놀이, 봄 동산, 달나라 별나라, 여름 냇가, 동물원, 들로 산으로, 똑같아요, 동물원, 씩씩한 어린이, 날아라 하늘로, 장단에 맞추어 등이 있다.

제4차 교육과정의 1학년 2학기의 동작교육은 즐거운생활의 15개 단원에서 4개 단원이 제시되었고, 제5차 교육과정의 1학년 2학기의 동작교육은 즐거운생활의 15개 단원에서 6개 단원이 제시되었다. 제6차 교육과정의 1학년 2학기의 동작교육은 즐거운생활의 15개 단원에서 4개 단원이 제시되었고, 제7차 교육과정의 1학년 2학기의 동작교육은 즐거운생활의 9개 단원에서 6개 단원이 제시되었다. 이들 동작교육의 단원명은 숲 속의 나라, 추석, 어린 음악대, 우리들 잔치, 재미있는 이야기, 비행기, 똑같아요, 우리들 자랑, 옛날 이야기, 파란 하늘 아래서, 옛날 옛적에, 한가위, 정다운 이웃 등으로 제시되었다.

제4차 교육과정의 2학년 1학기의 동작교육은 즐거운생활의 18개 단원에서 3개 단원이 제시되었고, 제5차 교육과정의 2학년 1학기의 동작교육은 즐거운생활의 17개 단원에서 2개 단원이 제시되었다. 제6차 교육과정의 2학년 1학기의 동작교육은 즐거운생활의 17개 단원에서 6개 단원이 제시되었고, 제7차 교육과정의 2학년 1학기의 동작교육은 즐거운생활의 11개 단원에서 5개 단원이 제시되었다. 이들 동작교육의 단원명은 봄 동산, 우리 모두 다 함께, 뻐꾸기, 들로 산으로, 사이좋게, 대문놀이, 여러 가지 소리, 꽃동네 새 동네, 숲 속의 나라, 만나서 반가워요, 찾아보세요, 우리들 세상, 우리나라 좋은 나라, 뻐꾹뻐꾹 등으로 제시되었다.

제4차 교육과정의 2학년 2학기의 동작교육은 즐거운생활의 17개 단원에서 3개 단원이 제시되었고, 제5차 교육과정의 2학년 2학기의 동작교육은 즐거운생활의 15개 단원에서 6개 단원이 제시되었다. 제6차 교육과정의 2학년 2학기의 동작교육은 즐거운생활의 15개 단원에서 6개 단원이 제시되었고, 제7차 교육과정의 2학년 2학기의 동작교육은 즐거운생활의 10개 단원에서 2개 단원이 제시되었다. 이들 동작교육의 단원명은 노래하자 춤추자, 달맞이, 탈놀이, 우리들 자랑, 우리나라 꽃, 시냇물, 우리들 잔치, 가을 소풍, 우주여행, 우리들 자랑, 우주탐험 등으로 제시되었다.

2. 즐거운생활의 동작교육 목적

즐거운생활의 동작교육 목적은 어린이들을 전인적 인격체로 성장시키는데 있다. 동작교육은 어린이들에게 사물을 탐구하고 관찰하게 하여 그것을 동작으로 형태화하도록 한다. 이를 통하여 어린이들은 신체적, 인지적, 심미적 활동을 갖게 되어 자신의 정신과 육체를 스스로 제어 · 조절할 수 있는 힘을 기르게 된다.

학습과정에서 동작교육의 구체적 목표는 다음과 같다.

첫째, 동작교육은 어린이들에게 다양한 동작표현 활동에서 즐거움과 성취감을 갖게 하며, 동작능력에 대한 확신을 갖도록 하는 데 있다. 둘째, 동작교육은 어린이들에게 기초적 운동 능력에서 점차 신체 조작 능력을 발달시키는데 있다. 셋째, 동작교육은 어린이들에게 내적 사고와 감정을 표상화시키는 능력을 기르는데 있다. 어린이는 보고, 느낀 감정을 동작으로 형태화시키는 과정에서 각 사물의 특징을 신체의 적절한 속도, 힘, 시간, 관계 등을 고려하여 표상화하는 능력을 기르게 된다. 넷째, 동작교육은 어린이들에게 사회적 관계를 경험하도록 한다. 어린이는 흉내내기와 춤추기에서 여럿이 함께하는 활동을 통하여 타인을 인식하게 된다. 어린이들은 타인과 관계를 형성하는 방법을 알게 되고, 타인의 생각을 수용하게 되어 협동하는 자세를 갖게 된다.

이와 같이 즐거운생활의 동작교육 목적은 어린이들에게 동작에 관련된 지식을 터득하게 하며 이를 통하여 신체적, 인지적, 심미적을 활동을 가지게 한다. 그리고 사회관계 형성에 도움 주어 전인적 인격체로 성장할 수 있도록 하는데 있다.

3. 즐거운생활의 동작교육 내용

즐거운생활의 동작교육 내용은 동물동작, 꽃동작, 숫자놀이, 비행기 기능 나타내기, 우주에 타고 갈 물체와 외계인 모습 나타내기, 친구동작, 노래가사에 의한 동작, 음에 대한 동작, 이야기에 의한 동작, 한국 민속춤, 외국 민속춤이 있다. 즐거운생활은 위와 같은 내용에 의하여 동작의 기본요소와 기초적 동작을 학습하게 된다. 동작의 기본 요소와 기초적 동작 내용을 살펴보면 다음과 같다.

첫째, 동작의 기본 요소는 신체 인지, 시간 인지, 공간 인지, 관계영역 등에 대한 학습이다. 신체 인지는 신체의 전부, 혹은 일부를 조절하고, 움직이고, 균형을 유지할 수 있는 방법을 깨닫는 것이다. 시간 인지는 동작의 속도를 뜻하는 것으로 동작의 빠르기, 강하거나, 약하게 움직이는 능력 또는 한 운동에서 다른 운동으로 연결하는데 있어서 조정력과 효율성을 발휘하는 능력이다. 공간 인지는 공간 내의 물체와 개인의 관계로 방향이나 거리의 관계를 인지하는 것으로 신체의 일부를 바닥이나 기구에 고정시킨 상태에서 개인이 움직일 수 있는 개인공간, 운동이 일어나는 범위 내의 모든 물리적 영역을 일컫는 일반 공간에 대한 이해이다. 관계 영역은 기구나 장비 및 시설과 개인과 공간적 또는 움직임의 질적 관계, 개인과 개인과의 관계, 개인과 집단과의 관계, 집단과 집단과의 관계 등에 대한 이해이다.[1]

둘째, 기초적 동작은 이동동작, 비이동동작, 조작적 동작으로 구분된다. 이동동작(Locomotor movement)은 공간 속에서 신체의 위치를 바꾸면서 일어나는 동작이다. 이것은 리듬의 요소를 학습하는 가장 좋은 접근이 된다. 어린이들은 기본적 동작의 다양한 형태를 경험할수록 리듬적 운동 능력과 표현 능력이 증진되며, 균형감이 풍부해져서 창의적인 동작을 할 수 있게 된다. 이동동작의 유형은 엎드려 기기(Crawling), 기어가기(Creeping), 걷기(Walking), 달리기(Running), 뛰기(Jumping), 뛰어넘기(Leaping), 겔롭(Galloping), 앵금질(Hopping), 미끄러지기(Sliding), 스킵(Skipping), 기어오르기(Climbing) 등이 있다.[2]

비이동동작(Nonloclmotor movement)은 몸을 축으로 하여 장소를 옮기지 않고 움직이는 동작이다. 서 있는 상태, 무릎을 꿇고 있는 상태, 앉은 상태, 누워 있는 상태와 같은 한 곳에서 움직이는 동작이다. 그래서 비전이 동작 또는 축을 중심으로 하는 동작이라고 한다. 비이동동작 유형은 뻗기(Stretching), 구부리기(Bending), 앉기(Sitting), 떨기(Shaking), 회전하기(Turning), 강하게 흔들기와 유연하게(Rock and sway), 진동에 의한 흔들기(Swing), 꼬기(Twising), 재빨리 피하기(Dodging), 떨어지기(Falling), 구르기(Rolling), 무게 중심 이동하기, 균형잡기(Balancing)가 있다.[3] 조작적 동작(Manipulative movement)은 물체 조작과 관계된 동작이다. 물체의 조작을 통해서 어린이들은 공간 속에서 움직이는 물체와의 관계를 탐색하게 된다. 조작적 동작은 이동동작과 비이동동작이 이루어진 후에 조작동작의 효율성을 기대할 수 있다.[4] 조작동작의 유형은 잡아당기기(Pulling), 밀기(Pushing), 들어올리기(lifing), 치기(Striking), 던지기(Throwing), 차기(Kicking), 공굴리기(Ball rolling), 공 되받아치기, 드리블링(Dribbing) 등

1) 육완순 · 이희선 공저(1992), 「무용교육과정」, 금광출판사, p. 150.
2) 김은심(2009), 「유아동작교육의 이론과 실제」, 창지사, p. 181.
3) 이영(1999), 「유아동작지도」, 방송통신대학교, p. 151.
4) 이영(1999), 「유아동작지도」, 방송통신대학교, p. 161.

이다.[5)]

다음은 교육과정 변천에서 즐거운생활 동작교육의 내용은 〈표 8〉, 〈표 9〉, 〈표 10〉, 〈표 11〉과 같다.

〈표 9〉 제4차 즐거운생활 동작교육 내용

학년 학기	단원명	동작교육 내용
1-1	봄나들이	병아리 주둥이, 모습 흉내내기
	망원경놀이	비행기(나는 모습), 강아지(달리는 모습), 새(나는 모습)
	흉내내기	오리(주둥이 모습), 개구리, 개(앉아 있는 모습), 새(나는 모습), 고양이(앞발 들고 있는 모습), 녹음기에서 나는 동물 소리 듣고 흉내내기
	숫자놀이	독일의 어린이 춤-Kinder Polka(외국 민속춤)
1-2	숲 속의 나라	새(나는 모습), 사슴(뛰는 모습), 다람쥐(먹는 모습), 곰(걷는 모습), 토끼(달리는 모습)
	추석	달맞이 춤, 농악놀이(한국 민속춤)
	어린 음악대	손잡고 원을 그리며 돌기
	우리들 잔치	'토끼와 거북이' 이야기를 춤으로 나타내기
2-1	봄 동산	꽃봉오리, 꽃잎, 활짝 핀 흉내내기, 새 흉내내기, 시냇물 흉내내기
	우리 모두 다함께	원형으로 걷거나 달리기
	뻐꾸기	호랑이(표정 흉내 모습), 토끼(뛰는 모습), 개구리(앉아있는 모습), 다람쥐(달리는 모습), 학(한 발로 서 있는 모습), 사슴(달리는 모습), 원숭이(네 발로 걷는 모습), 코끼리
2-2	노래하자 춤추자	-외국 민속춤 기본 움직임 익히기 -원주상에서 친구들과 춤추기
	달맞이	달맞이 무용(한국 민속춤)
	탈놀이	탈 춤추기(한국 민속춤)
	우리들 자랑	닭 춤추기

5) 배인자 · 한규령 공저(2007), 「유아를 위한 동작교육의 이론과 실제」, 양서원, p. 76.

제4차 즐거운생활에서 동작교육 내용은 동물의 동작, 꽃 동작, 숫자놀이, 비행기의 기능 나타내기, 이야기에 의한 동작, 한국 민속춤 등이 제시되었다.

〈표 10〉 제5차 즐거운생활 동작교육 내용

학년 학기	단원명	동작교육 내용
1-1	봄 동산	병아리(먹는 모습), 제비(날아가 모습), 개구리(앉아 있는 모습), 나비(날아가는 모습), 오리(걷는 모습), 고양이(앞발 든 모습)
	달나라 별나라	우주에 타고 갈 것 흉내내기 로켓, 비행접시, 우주열차 등의 형태 흉내내기
	숫자놀이	숫자 '0~9'까지 표현하기
	여름 냇가	노래 '여름 냇가' 가사에 맞춰 춤추기
1-2	재미있는 이야기	'흥부와 놀부' 이야기를 춤으로 나타내기
1-2	숲 속의 나라	곰(걷는 모습), 토끼(뛰는 모습), 사슴(뛰는 모습), 새(나는 모습), 다람쥐(먹는 모습), 코끼리(걷는 모습), 동물의 탈을 쓰고 색카드 지시에 따라서 춤추기, 멈추기, 짝짓기하기
	비행기	비행기 이륙과 착륙 모습 흉내내기
	어린 음악대	리듬의 강약에 따라서 신체 동작으로 표현하기
	우리들 자랑	'토끼와 거북이' 이야기를 춤으로 나타내기
2-1	들로 산으로	꽃 흉내내기 꽃잎, 꽃봉오리, 핀 꽃 , 꽃과 나비 춤추기 표현하기
	뻐꾸기	노래 '뻐꾸기' 가사에 맞춰 춤추기
2-1	우리나라 꽃	노래 '무궁화꽃' 가사에 맞춰 춤추기
	달맞이	달맞이 춤추기(한국 민속춤)
	가을 소풍	노래 '가을 소풍' 가사에 맞춰 춤추기
	탈놀이	탈 춤추기(한국 민속춤)
	우리들 잔치	음악 '꼭두각시'에 맞춰 꼭두각시 춤추기(한국 민속춤)

제5차 즐거운생활에서 동작교육 내용은 동물의 동작, 꽃 동작, 숫자놀이, 비행기의 기능 나타내기, 우주에 타고 갈 물체 나타내기, 노래가사에 의한 동작, 음에 대한 동작, 이야기에 의한 동작, 한국 민속춤, 외국 민속춤 등이 제시되었다.

〈표 11〉 제6차 즐거운생활 동작교육 내용

학년 학기	단원명	동작교육 내용
1-1	들로 산으로	동물 흉내내기 비둘기(모이 먹는 모습), 제비(날아가는 모습), 다람쥐(펄쩍 뛰는 모습) 물개(물 밖에서 걷는 모습), 나비(날아가는 모습), 호랑이(짖는 모습)
	숫자놀이	숫자 '0~9'까지 표현하기
	달나라 별나라	비행기 이륙과 착륙 흉내내기, 우주에 타고 갈 것 흉내내기(우주선, 로켓, 우주열차)
	똑같아요	노래 '똑같아요' 가사에 맞춰 춤추기
	동물원	코끼리(걷는 모습), 개(걷는 모습), 새(날아가는 모습), 병아리(모이 먹는 모습), 학(한 발로 서 있는 모습), 원숭이(장난치는 모습)
1-2	추석	소고춤 추기 (한국 민속춤)
	비행기	비행기 이륙과 착륙하는 모습 흉내내기
	옛날이야기	'흥부와 놀부' 이야기를 춤으로 표현하기
	우리들 자랑	동물의 탈을 쓰고 춤추기
2-1	사이좋게	친구와 같은 동작 다른 동작하기
	여러 가지 소리	리듬에 강약 표현하기, 꽹과리 소리의 강약을 표현하기
	꽃동네 새동네	꽃 흉내내기 1, 2, 3, 4, 7, 11인에 의한 꽃 모양 흉내내기, 꽃봉오리, 꽃과 나비 춤추기
	뻐꾸기	노래 '뻐꾸기' 가사에 맞춰 춤추기
	숲 속의 나라	동물의 탈을 쓰고 춤추기
2-2	우리나라 꽃	무궁화꽃 표현하기
	달맞이	소고춤 추기(한국 민속춤)
	가을 소풍	노래 '가을 소풍' 가사에 맞춰 춤추기
	탈놀이	탈 춤추기(한국 민속춤)
	우주여행	우주 탐험하는 모습, 달나라에 착륙하는 모습, 로켓에서 나오는 모습, 이상한 동물 발견하고 놀라는 모습
2-2	우리들 잔치	동물 장난감 움직임 흉내내기 펭귄(걷는 모습, 날개 짓하는 모습, 물터는 모습), 원숭이(먹는 모습, 줄 타는 모습, 뛰어 가는 모습, 박수치는 모습), 곰(북치는 모습, 졸고 있는 모습, 트위스트 추는 모습), 오리(뒤뚱뒤뚱 걷는 모습, 물 위를 헤엄치는 모습)

제6차 즐거운생활에서 동작교육 내용은 동물동작, 꽃 동작, 숫자놀이, 비행기의 기능 나타내기, 우주에 타고 갈 물체 나타내기, 친구 동작, 노래가사에 의한 동작, 음에 대한 동작, 한국 민속춤 등이 제시되었다.

〈표 12〉 제7차 즐거운생활 동작교육 내용

학년 학기	단원명	동작교육 내용
1-1	씩씩한 어린이	음악의 느낌에 따라 각 신체부위 움직이기
	들로 산으로	동물 흉내내기 나비, 토끼, 원숭이, 사슴, 사자 생김새 흉내내기
	날아라 하늘로	비행기 이륙과 착륙
	장단에 맞추어	4박자 장단에 맞춰 움직이기
1-2	파란하늘 아래서	음악에 맞추어 리듬감 있게 움직이기
	옛날 옛적에	'흥부와 놀부' 이야기를 춤으로 표현하기
	한가위	강강술래, 소고춤(한국 민속춤)
	어린 음악대	음에 강약 표현하기
	똑같아요	친구와 같은 동작하기와 반대되는 동작하기
	정다운 이웃	독일 '어린이 폴카' 춤추기(외국 민속춤)
2-1	만나서 반가워요	프랑드르의 민속춤 '덩케르트(Dunkirk) 추기(외국 민속춤)
2-1	찾아보세요	나비, 꽃봉오리, 바위, 시냇물 등 표현하기
	우리들 세상	'꼭두각시'(한국 민속춤), 아프리카 춤(외국 민속춤)
	우리나라 좋은 나라	소고춤 추기(한국 민속춤)
	뻐꾹뻐꾹	노래 '뻐꾸기' 가사에 맞춰 춤추기
	숲 속의 나라	동물의 탈을 쓰고 그 동물의 특징적 모습 흉내내기
2-2	우리들 자랑	각자 재주를 자랑하기
	우주 탐험	상상의 외계인 흉내내기

제7차 즐거운생활에서 동작교육 내용은 동물의 동작, 꽃 동작, 비행기의 기능 나타내기, 외계인 흉내내기, 친구동작, 노래가사에 의한 동작, 음에 대한 동작, 이야기에 의한 동작, 한국 민속춤, 외국 민속춤 등이 제시되었다.

위와 같이 즐거운생활에서 동작교육 내용은 제4차 교육과정에서는 우주에 타고 갈 물체 기능 나타내기, 노래가사에 의한 동작, 음에 대한 동작이 제외되었다. 제5차 교육과정에서는 친구 동작이 제외되었다. 제6차 교육과정에서는 외국 민속춤이 제외되었다. 제7차 교육과정에서는 숫자놀이가 제외되었다. 그리고 즐거운생활에서 동물동작은 동물의 형태 흉내내기와 동물의 탈을 쓰고 그 동물 특징적 모습 흉내내기이다. 꽃 동작은 꽃봉오리, 꽃잎, 키 큰 꽃, 중간 꽃, 작은 꽃에 대하여 흉내내기이다. 숫자놀이는 언어, 동작횟수, 동작의 형태에 의하여 숫자 흉내내기이다. 비행기 동작은 비행기 이륙과 착륙과정 흉내내기이다. 우주는 우주에 타고 갈 물체 흉내내기와 상상의 외계인 모습 흉내내기이다. 친구동작은 친구와 동일한 동작 흉내내기와 반대되는 동작하기이다. 노래가사에 의한 동작은 노래가사에 맞추어 춤추기이다. 음에 대한 동작은 음의 강약 표현하기와 4박자 장단에 맞춰 움직이기, 음악 느낌에 따라 각 신체부위 움직이기이다. 이야기 동작은 흥부와 놀부와 토끼와 거북이로 제시되었다. 한국 민속춤은 강강술래, 소고춤, 꼭두각시 춤이 제시되었다. 외국 민속춤은 독일 어린이 폴카와 프랑드르의 덩케르트춤이 제시되었다. 그 밖에 재주 자랑하기가 제시되었다.

즐거운생활의 동작교육은 흉내내기가 많이 다루어지고 있다. 이 시기 어린들은 감각을 통한 교육을 하게 된다. 따라서 어린이들은 동작교육에서 흉내내기를 통하여 자신의 생활주변의 사물에 대한 생김새, 형태, 특징을 이해하게 된다.

제 4 장

즐거운생활의 동작형태 분석

1. 모방 동작교육 내용
2. 노래와 음(音)에 대한 동작교육 내용
3. 이야기에 의한 동작교육 내용
4. 문화인식에 대한 동작교육 내용

즐거운생활의 동작형태 분석은 즐거운생활의 동작교육 내용을 기초로 하였다(제2장 3절 참조). 즐거운생활의 동작형태 분석 대상은 단원 지시문에 의한 교과서의 그림(삽화)이 된다. 즐거운생활의 그림(삽화)을 형태적으로 정리하면 첫째, 모방 동작교육, 둘째, 노래와 음(音)에 대한 동작교육, 셋째, 이야기에 의한 동작교육, 넷째, 문화 인식을 위한 동작교육 범주로 분류하여 제시한다.

1. 모방 동작교육 내용

모방 동작교육은 자연물에 대한 동작교육, 확산적 사고를 위한 동작교육, 수 개념에 대한 동작교육, 사회관계에 대한 동작교육 등으로 분류될 수 있다. 자연물에 대한 동작교육은 동물과 꽃 흉내내기를 통한 동작교육이다. 수 개념을 위한 동작교육은 숫자 흉내내기를 통해 이뤄지고 있으며, 확산적 사고를 위한 동작교육은 비행기 흉내내기와 우주 흉내내기를 대상으로 삼았다. 그리고 사회관계를 위한 동작교육은 친구 따라 동작하기를 통해 이뤄지고 있다.

모방 동작교육에서는 어린이들의 흉내내기를 통하여 자연물, 인공물, 수, 사회적 관계를 학습하게 하고 있다.

1) 자연물에 대한 동작교육

자연물에 대한 동작형태의 대상은 동물과 꽃 흉내내기이다. 어린이들은 자신의 생활 주변에서 볼 수 있는 다양한 동물과 꽃의 생김새, 구조, 습성을 탐구와 관찰을 통하여 인식한 것을 동작으로 형태화시키고 있다. 이를 통하여 어린이들은 자연에 대한 소중함과 고마운 마음을 가지게 된다. 다음은 동물 흉내내기와 꽃 흉내내기 학습내용이다.

(1) 동물 흉내내기

'동물 흉내내기' 단원명은 봄나들이, 봄 동산, 들로 산으로, 뻐꾸기, 숲 속의 나라, 동물원, 흉내내기, 망원경, 우리들 자랑, 우리들 잔치 등이다. 이들 단원의 특징은 다음과 같다.

첫째, 봄 동산, 봄나들이, 뻐꾸기, 들로 산으로는 봄의 계절과 연관되어 제시되었다.

둘째, 숲 속의 나라는 상상의 세계, 숲 속 세계에 사는 동물들 흉내내기이다. 숲 속의 나라는 제5차, 제6차, 제7차 교육과정에서는 탈을 쓰고 동물 흉내내기가 제시되었다.

셋째, 우리들 자랑과 우리들 잔치는 학년 말 재주 발표하기와 연관되어 제시되었다. 특히 제6차 교육과정에서 우리들 자랑은 동물의 탈을 쓰고 각 동물들 흉내내기로 제시되었고, 우리들 잔치는 장난감 동물을 통한 동물 흉내내기로 제시되었다.

넷째, 망원경은 시각적 활동과 연관되어 제시되었고 흉내내기는 청각적 활동과 연관되어 제시되었다.

다섯째, 동물원은 동물원에서 본 동물 흉내내기이다. 위와 같이 동물 흉내내기 단원은 봄의 계절, 시각, 청각, 상상세계, 장난감 인형, 재주 발표하기와 연관되어 제시되었음을 알 수 있다.

'동물 흉내내기' 단원의 학습방법은 다음과 같다.

첫째, 동물 흉내내기 동작은 동물에 대한 이야기하기, 동물 관찰하기, 동물원 견학하기, TV 등을 통하여 동물의 습성, 형태, 울음소리 등을 알아본 다음 동물을 흉내내도록 하였다. 그리고 역할을 바꾸어 동물 표현하기, 동물 흉내내며 걷기와 달리기, 움직이다가 갑자기 멈추기, 네발 달린 동물과 두발 달린 동물 특징 움직임 표현하기, 몸집이 큰 동물과 작은 동물 또는 속도가 빠른 동물과 느린 동물 움직임 나타내기, 서 있는 동물과 앉아 있는 동물의 모습 표현하기, 동물 흉내내기를 하면 어떤 동물인지 답하기, 동일한 동물 선택한 사람끼리 그 동물의 특징 흉내내기, 노래에 맞춰 동물 움직임 나타내기, 동물의 탈을 쓰고 2인 1조가 되어 움직임 표현하기, 병아리의 형태를 4호간 걷고 4호간 흉내내기, 노래 '즐겁게 춤을 추다가 그대로 멈춰라'에서 동물 흉내내기, 자연물과 함께 동물 흉내내기 방법 등이 제시되었다.

둘째, 동물 동작을 춤으로 표현하도록 하였다. 춤은 동물 흉내내기의 동작을 종료한 후에 이루어지는 과정이다. 동물 동작을 춤으로 표현 학습 방법은 동물의 탈을 쓰고 둘이서 춤추기, 이야기 듣고 춤추기, 탈을 쓰고 리듬에 맞춰 춤추기, 간단한 줄거리를 꾸며 춤 꾸미기, 여러 방향으로 이동과 멈추기하면서 춤놀이하기, 리듬에 맞춰 춤추기, 교사의 신호에 따라 파랑(춤추기), 빨강(멈추기), 노랑(짝짓기) 등이 제시되었다.

셋째, 분단별로 작품 만들어 발표하기와 감상하기 그리고 평가하기가 제시되었다

위와 같이 동물 흉내내기의 학습 방법은 동물의 습성, 생김새, 형태, 움직임에 대한 흉내내기를 통하여 춤추기와 발표하기를 하고 있다.

동물 흉내내기 단원에서는 다양한 동물들이 제시되었다. 교과서에 제시된 동물의 종류는 새, 토끼, 다람쥐, 강아지, 개구리, 병아리, 오리, 닭, 고양이, 사슴, 호랑이, 코끼리, 다람쥐, 나비, 제비, 물개, 소, 북극곰, 뱀, 곰, 강아지, 비둘기, 원숭이, 사자, 캥거루, 고릴라 등이 제시되었다. 이 동물들을 걷는 동물과 나는 동물로 분류하여 동작형태를 살펴보면 다음과 같다.

첫째, 걷는 동물 흉내내기 동작은 걷기, 뛰기, 기는 동작을 포함하고 있다. 걷는 동물들의 동작표현 형태로는 서 있는 모습, 앉아 있는 모습, 걷는 모습, 달리는 모습, 모이 먹는 모습, 기어가는 모습이 등이 제시되었으며, 그 밖에 의인화시켜 표현되는 동작은 고릴라 박수치는 모습, 고릴라 장난치는 모습,

곰의 북치는 모습 등이 제시되었다.

둘째, 나는 동물의 흉내내기 동작은 하늘을 나는 모습, 활공하는 모습, 한 발로 서 있는 모습, 모이 먹는 모습, 걷는 모습 등이 제시되었다.

위와 같이 동물 흉내내기 동작형태는 주로 걷기 모습, 달리는 모습, 나는 모습, 모이 먹는 모습, 서 있는 모습, 앉아 있는 모습, 기어가는 모습 등을 중심으로 이뤄지고 있다. 동물 흉내내기 동작형태를 나는 동물과 걷는 동물로 분류하여 분석하면 다음과 같다.

가) 나는 동물의 동작형태

'동물 흉내내기' 단원에서 나는 동물은 새, 제비, 나비, 비둘기, 병아리, 오리, 펭귄 등이 있다. 새의 나는 동작형태는 날개를 펴고 한쪽 엄지발가락 선 자세와 한 발로 땅을 딛고 선 자세로 표현되고 있다. 그리고 새 한 발로 서 있는 동작형태는 날개를 펴고 한쪽 발이 땅을 딛고 선 모습으로 표현되고 있다. 모이 먹는 모습은 주둥이를 형태화시켜 표현하고 있다.

제4차 1-1 '망원경'	제4차 1-1 '흉내내기'	제4차 1-2 '숲 속의 나라'

제5차 1-2 '숲 속의 나라'	제5차 1-1 '봄 동산'	제6차 1-1 '동물원'

〈그림 1〉 새의 나는 모습과 제비 활공하는 동작형태

새의 나는 모습과 제비 활공하는 모습은 제4차, 제5차 교육과정에서 제시되었다. 제4차, 제5차 교육과정에서는 새가 하늘을 나는 모습은 한쪽 엄지발가락 끝으로 서서 양 팔을 사선 위로 벌려드는 형태로 표현되었다. 벌려 든 양 팔의 손목은 밑으로 꺾기와 팔의 연장선으로 뻗기가 제시되었다. 이 때 시선은 사선 위로 향하도록 하여 멀리 보게 하였다. 그리고 제비가 활공하는 모습은 제5차, 제6차 교육과정에서 제시되었다. 제비가 활공하는 모습은 한쪽 발로 땅을 딛고 허리를 최대한 굽혀 등을 평평하게 하는 동작형태로 표현하였다. 그리고 동시에 양팔을 옆으로 벌리거나, 또는 자신의 몸 뒤로 벌리게 하였다.

이와 같이 새의 나는 동작은 상체를 세우고 한쪽 발의 엄지발가락으로 서 있는 반면 제비의 활공하는 동작은 몸의 상체를 앞으로 굽혀 등을 평평하게 하여 한쪽 발바닥이 완전히 땅을 딛고 있다. 이것은 신체 무게가 앞쪽으로 쏠리게 됨으로써 그 중심을 잡아 주기 위해서이다. 이와 같이 나는 새의 동작형태와 제비의 활공하는 동작형태는 비이동동작 중 신체 균형잡기에 중점을 두고 있다.

제4차 1-1 '봄 동산'	제4차 2-1 '뻐꾸기'	제5차 1-1 '동물원'	제6차 1-1 '동물원'

〈그림 2〉 새 한 발로 서 있는 모습의 동작형태

새 한 발로 서 있는 모습의 동작형태는 제4차, 제5차, 제6차 교육과정에서 제시되었다. 동작형태는 한 발로는 땅을 딛고 서서 양 팔을 옆으로 벌려 들기와 대각선으로 벌려 들기를 하고 있다. 그리고 다른 한 발은 땅을 딛고 있는 발의 무릎 선에 갖다 놓았다. 이와 같이 새 한 발로 서 있는 동작형태는 비이동동작 중 신체 균형잡기에 중점을 두고 있다.

제5차 1-1 '봄 동산'	제6차 1-1 '들로 산으로'	제7차 1-1 '들로 산으로'

〈그림 3〉 나비 나는 모습과 나비 날개의 동작형태

나비 나는 모습의 동작형태는 제5차, 제6차 교육과정에서 제시되었다. 동작형태는 한 발로는 땅을 딛으면서 양 팔을 위 사선으로 들기이다. 나비의 나는 동작형태는 비이동동작에서 신체 균형잡기를 하고 있다. 그리고 나비 날개 동작형태는 제7차 교육과정에서 제시되었다. 나비의 날개 동작형태는 정면을 보고 선 다음 양 다리와 양 팔을 옆으로 벌리기이다. 이것은 나비의 형태를 취한 다음 상대방이 어떤 동물인지 알아맞히는 놀이에서 나비의 형태 흉내내기가 제시된 것이다.

제4차 1-1 '흉내내기'	제5차 1-1 '봄 동산'	제6차 2-2 '우리들 잔치'

〈그림 4〉 오리모습의 동작형태

오리모습 흉내내기의 동작형태는 제4차, 제5차, 제6차 교육과정에서 제시되었다. 제4차, 제5차 교육과정에서는 오리의 주둥이와 꼬리를 형태화시키고 있다. 동작형태에서 주둥이는 한 손의 손등을 자신의 턱에 갖다 댐으로써 형태화시키고 있다. 그리고 오리꼬리는 다른 한 손의 손등을 자신의 꼬리뼈에 갖다 댐으로써 형태화시키고 있다. 이것은 오리의 형태 중 특징적인 부분만을 형태화를 표현한 것이다. 그리고 제6차 교육과정은 장난감 오리의 주둥이를 형태화시키고 있다. 주둥이의 동작형태는 양 손의 손등을 나란히 붙이고 턱에 갖다 댐으로써 오리 주둥이를 형태화시키고 있다.

제4차 1-1 '봄 동산'	제4차 1-1 '봄 동산'	제4차 2-2 '우리들 자랑'

〈그림 5〉 병아리 날개 편 모습의 동작형태

병아리 날개 편 모습의 동작형태는 제4차 교육과정에서 제시되었다. 병아리 동작형태는 양 팔을 겨드랑이에 붙인 상태에서 팔꿈치부터 손끝까지를 옆으로 벌리고 있다. 병아리 날개 표현에서 겨드랑이를 붙이고 표현되는 것은 땅에서 생활을 하는 병아리의 습성을 표현한 것이다.

제4차 1-1 '봄나들이'	제5차 1-1 '봄 동산'

〈그림 6〉 병아리 모이 먹는 모습의 동작형태

병아리 모이 먹는 모습의 동작형태는 제4차, 제5차 교육과정에서 제시되었다. 이들 교육과정에서는 병아리 주둥이를 형태화시키고 있다. 주둥이 동작형태는 양 손을 포개어 자신의 턱에 갖다 댐으로써 병아리 돌출된 주둥이를 표현하고 있다.

제6차 1-1 '들로 산으로'

〈그림 7〉 비둘기의 모이 먹는 모습의 동작형태

비둘기의 모이 먹는 동작형태는 제6차 교육과정에 제시되었다. 이 교육과정에서는 비둘기 주둥이를 형태화시키고 있다. 비둘기 모이 먹는 동작형태는 양 손을 포개어 자신의 턱에 갖다 댄다. 이것은 어린이들에게 비둘기의 먹는 습성을 이해시키고 있다.

제6차 2-2 '우리들 잔치'

〈그림 8〉 펭귄 걷는 모습의 동작형태

펭귄 걷는 모습의 동작형태는 제6차 교육과정에 제시되었다. 이 교육과정에서는 장난감 펭귄 걷는 모습을 형태화시키고 있다. 펭귄 걷는 동작형태는 양 팔은 몸에 붙이고 손목을 위로 꺾은 다음 양 발 엄지발가락이 바깥쪽으로 향하게 하여 뒤뚱뒤뚱하면서 걷기이다. 양 팔을 몸에 붙인 것은 펭귄은 추운 날씨에 견디기 위해서 열을 바깥으로 빼기지 않으려는 습성과 연관되어 표현된 것이다. 그리고 뒤뚱뒤뚱 걷는 모습은 펭귄은 몸의 크기에 비해 다리가 짧기 때문이다. 이것은 펭귄의 신체 구조와 연관되어 표현된 것이다.

위와 같이 나는 동물들의 동작형태는 다음과 같은 학습효과가 있음을 알 수 있다.

첫째, 새 나는 모습, 새 한 발 서 있기 모습, 나비 나는 모습 동작형태는 어린이들에게 한 발로 서 있기를 통하여 신체 균형잡기를 학습시키고 있다. 특히 제비 활공하는 모습 동작형태는 상체를 앞으로 기우려서 표현되는 과정에서 한 발을 완전히 땅을 딛게 함으로써 신체 균형을 잡도록 하고 있다. 이것은 한 발의 엄지발가락으로 서 있을 때 중심잡기와 한 발로 선 상태에서 중심잡는 방법을 학습하는 것이다.

둘째, 병아리와 비둘기 모이 먹는 모습 동작형태는 새의 돌출된 입모양을 형태화시킴으로써 표현되고 있다.

셋째, 펭귄 걷는 모습 동작형태는 어린이들에게 추운지방에 사는 펭귄의 습성을 이해시키고 있다.

나) 걷는 동물의 동작형태

'동물 흉내내기' 단원에서 걷는 동물은 토끼, 다람쥐, 강아지, 개구리, 고양이, 사슴, 호랑이, 코끼리, 다람쥐, 물개, 소, 북극곰, 곰, 뱀, 원숭이, 사자. 캥거루, 고릴라 등이 제시되었다. 걷는 동물 동작형태는 모이 먹기, 네발로 서 있기, 네발로 걷기, 네발로 뛰기, 네발로 달리기, 앉아 있기, 기어가기이다. 그 밖에 의인화되어 표현하는 것도 있는데 그것은 고릴라 박수치는 모습, 장난치는 모습, 곰의 북치는 모습 등으로 제시되었다.

제4차 1-2 ‘숲 속의 나라’	제4차 2-1 ‘뻐꾸기’	제5차 1-2 ‘숲 속의 나라’	제6차 1-1 ‘들로 산으로’

〈그림 9〉 다람쥐의 모이 먹는 모습의 동작형태

다람쥐 모이 먹는 모습 동작형태는 제4차, 제5차, 제6차 교육과정에서 제시되었다. 이들 교육과정에서는 다람쥐 주둥이를 형태화시키고 있다. 다람쥐 주둥이 동작형태는 양 손의 엄지손가락과 나란히 붙여서 손등을 자신의 턱에 갖다 댐으로써 다람쥐 입의 돌출된 형태를 표현하고 있다.

제4차 1-2 ‘숲 속의나라’	제5차 1-2‘ 숲 속의 나라’	제4차 2-1 ‘뻐꾸기’	제7차 1-1 ‘들로 산으로’

〈그림 10〉 토끼 모습 흉내내면서 앉아 있기, 뛰기의 동작형태

토끼 모습 흉내내기의 동작형태는 제4차, 제5차, 제7차 교육과정에서 제시되었다. 이들 교육과정에서는 토끼의 귀를 형태화시키고 있다. 토끼의 귀 동작형태는 양 손을 자신의 이마에 갖다 대고 손목을 앞으로 꺾어 토끼의 귀를 흉내내기이다. 제4차 교육과정 1학년 2학기와 제5차 교육과정에서는 토끼의 귀를 흉내내기하면서 뛰기이고, 제4차 교육과정 2학년 1학기에서는 토끼의 귀를 흉내내기하면서 앉기 동작하기이다. 제7차 교육과정에서는 어떤 동물인지를 알아맞히는 놀이에서 토끼 흉내내기가 제시되었다. 이들 교육과정에서는 어린이들에게 토끼의 생김새를 이해시키면서 토끼의 뛰기와 앉기 동작을 통하여 신체를 교육시키고 있다.

제4차 1-1 '망원경'	제4차 1-1 '흉내내기'	제6차 1-1 '동물원'

〈그림 11〉 강아지 모습 흉내내며 앉아 있기, 걷기, 뛰기의 동작형태

강아지 모습 흉내내기의 동작형태는 제4차, 제5차, 제6차 교육과정에서 제시되었다. 이들 교육과정에서는 양팔을 사용하여 강아지 앞다리를 표현하고 있다. 제4차 교육과정 1학기 '망원경' 단원에서는 강아지를 흉내내면서 뛰기 동작이다. 동작형태는 선 자세에서 허리를 약간 앞으로 굽히고 자신 몸 앞에서 양 팔꿈치를 꺾어 들어 양 손바닥을 자연스럽게 펴고 달린다. 제4차 1학기 '흉내내기' 단원에서는 강아지 흉내내며 앉기 동작이다. 동작형태는 양 무릎을

세우고 앉은 상태에서 양 팔을 밑으로 내린다. 그리고 양 손바닥으로 땅을 짚고 있다. 제6차 교육과정에서는 강아지 흉내내며 걷기 동작이다. 동작형태는 양 팔로 땅을 지탱하여 엉덩이를 들고 팔과 다리를 엇갈리면서 걷기이다. 이것은 어린이들에게 네발 가진 동물의 걷는 특징을 이해시킨다. 이와 같이 강아지 모습 흉내내며 앉기, 걷기, 뛰기의 동작형태는 어린들에게 강아지의 습성을 이해시키면서 이동동작에서는 뛰기와 걷기를 그리고 비이동동작에서는 앉기를 하면서 균형잡기를 하고 있다.

제4차 1-1 '흉내내기'	제5차 1-1 '봄 동산'	제6차 1-1 '들로 산으로'

〈그림 12〉 고양이 모습의 동작형태

고양이 모습 흉내내기의 동작형태는 제4차, 제5차, 제6차 교육과정에서 제시되었다. 동작형태는 자신의 몸을 앞으로 살짝 숙인 다음 양 팔을 들어 자신 가슴에 붙인다. 그리고 양 손목을 살짝 꺾어 고양이 앞발을 표현하여 고양이의 특징을 이해시키고 있다.

제4차 1-2 '숲 속의 나라'	제4차 2-1 '뻐꾸기'	제5차 1-2 '숲 속의 나라'

〈그림 13〉 사슴 모습 흉내내며 달리기의 동작형태

사슴 모습 흉내내며 달리기의 동작형태는 제4차, 제5차 교육과정에서 제시되었다. 제4차 교육과정 1학기에서는 사슴의 앞다리를 표현하면서 달리고 있다. 동작형태는 양 팔을 자신의 몸 앞에서 나란히 뻗고 달리기이다. 제4차 교육과정 2학기에서는 몸의 앞면을 정면에 두고 다리를 옆으로 벌리면서 뛰기이다. 제5차 교육과정에서는 사슴의 뿔을 형태화시키면서 달리고 있다. 사슴의 뿔 동작형태는 양 팔을 귀에 붙이고 위로 쭉 뻗어 손바닥을 펴고 있다. 제5차 교육과정에서는 사슴의 뿔을 형태화시켜 줌으로써 이전 교육과정에서 보다 사슴의 모습을 구체화시키고 있다. 사슴모습 흉내내기의 동작형태는 어린이들에게 사슴의 생김새를 이해시키고 있다. 그리고 이동동작에서 뛰기와 달리기 하면서 신체를 교육시키고 있다.

제5차 1-1 '동물원'	제5차 1-2 '숲 속의 나라	제6차 1-1 '동물원'

〈그림 14〉 코끼리 흉내내며 서기와 걷기의 동작형태

코끼리 모습 흉내내기의 동작형태는 제5차, 제6차 교육과정에서 제시되었다. 제5차 교육과정 1학기에서는 코끼리 네발로 서 있기이다. 동작형태는 허리를 굽혀 양 팔로 땅을 지탱하여 엉덩이를 든다. 이 동작은 어린이들에게 비이동동작에서 균형잡기이다. 그리고 제5차 교육과정 2학기와 제6차 교육과정에서는 코끼리 코를 형태화시키면서 걷기이다. 코끼리 코 동작형태는 한 손은 자신의 코를 잡고 다른 한 손은 코를 잡고 있는 팔의 공간 사이로 팔을 집어 넣어 코끼리 코를 표현하면서 걷기이다. 코끼리 형태는 제5차 교육과정 2학기와 제6차 교육과정에서 구체적으로 표현되고 있다. 코끼리 코 동작형태는 어린이들에게 코끼리 생김새를 이해시키고 있다. 그리고 서 있기 동작은 비이동동작 중 균형잡기와 이동동작인 걷기를 통하여 신체를 교육시키고 있다.

제4차 1-2 '숲 속의 나라'	제5차 1-2 '숲 속의 나라'	제6차 2-2 '우리들 잔치'

〈그림 15〉 곰 모습 흉내내며 걷기와 북치기의 동작형태

곰 모습 흉내내기의 동작형태는 제4차, 제5차, 제6차 교육과정에서 제시되었다. 제4차, 제5차 교육과정에서는 곰의 네발로 걷기이다. 동작형태는 양 손은 땅을 짚고 팔과 다리를 엇갈리면서 걷기이다. 이 동작은 어린들에게 네발 가진

동물들의 걷는 특징을 이해시킨다. 그리고 제6차 교육과정에서는 장난감 곰을 보고 표현하기이다. 이것은 곰을 의인화시켜 북치는 모습을 흉내내기이다.

제5차 1-1 '동물원'	제5차 1-1 '동물원'

〈그림 16〉 네발 가진 동물 서 있는 모습 동작형태

네발 가진 동물 소와 북극곰의 서 있는 모습 흉내내기 동작형태는 제5차 교육과정에 제시되었다. 소의 서 있는 모습 동작형태는 양 무릎을 붙이고 선 상태에서 허리를 굽혀 양 손으로 발목을 잡는다. 그리고 북극곰 동작형태는 무릎을 꿇고 앉은 상태에서 양 손으로 땅을 짚고 양 팔을 쭉 뻗으면서 엉덩이를 든다. 소와 북극곰 동작형태는 네발 가진 동물 서 있는 동작을 하면서 비이동동작인 균형잡기를 하고 있다.

제4차 2-1 '뻐꾸기'

〈그림 17〉 호랑이 모습의 동작형태

호랑이 모습 흉내내기의 동작형태는 제4차 교육과정에서 제시되었다. 이 교육과정에서는 호랑이의 위협적인 느낌을 표현하고 있다. 호랑이 위협적인 동작표현의 형태는 양 다리를 어깨 넓이로 벌려서 양팔은 '⌒'든다. 그리고 가슴은 살짝 앞으로 밀면서 위협적인 표정을 한다. 호랑이의 모습 동작형태는 어린이들에게 호랑이의 공격적 습성을 이해시키고 있다.

제7차 1-1 '들로 산으로'

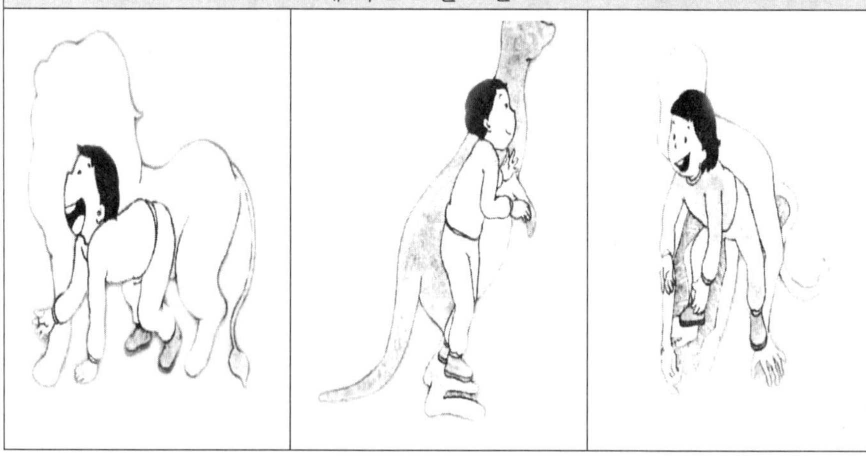

〈그림 18〉 사자, 캥거루, 원숭이 모습의 동작형태

사자, 캥거루, 원숭이 모습 흉내내기의 동작형태는 제7차 교육과정에서 제시되었다 . 이 교육과정에서는 사자, 캥거루, 원숭이 모습을 동작형태를 통하여 어떤 동물인지를 알아맞히는 놀이를 하고 있다. 따라서 이들 동물의 형태를 묘사하면서 각 동물의 특징을 이해시키고 있다.

제5차 1-1 ‘동물원’	제6차 1-1 ‘들로 산으로’

〈그림 19〉 물개 모습의 동작형태

물개 모습 흉내내기의 동작형태는 제5차, 제6차 교육과정에서 제시되었다. 이들 교육과정에서는 물개가 물 밖에서 서 있는 모습을 표현하고 있다. 동작형태는 몸을 쭉 펴고 엎드려서 발끝과 양 팔로 땅을 지탱하고 있다. 이 동작은 어린이들에게 비이동동작인 뻗기를 통하여 신체 균형잡기를 하고 있다.

제4차 1-1‘ 흉내내기’	제4차 2-1 ‘뻐꾸기’	제5차 1-1 ‘봄 동산’	제7차 1-1 ‘들로 산으로’
		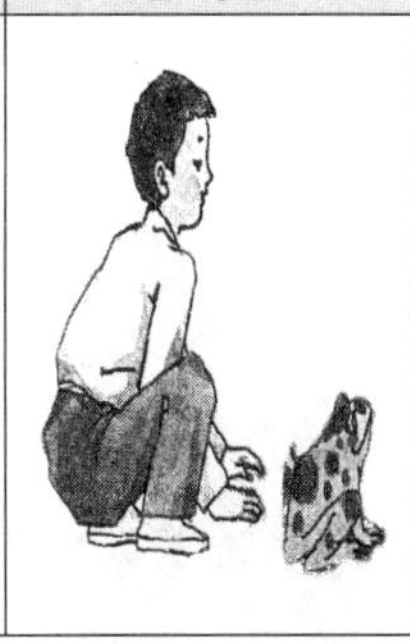	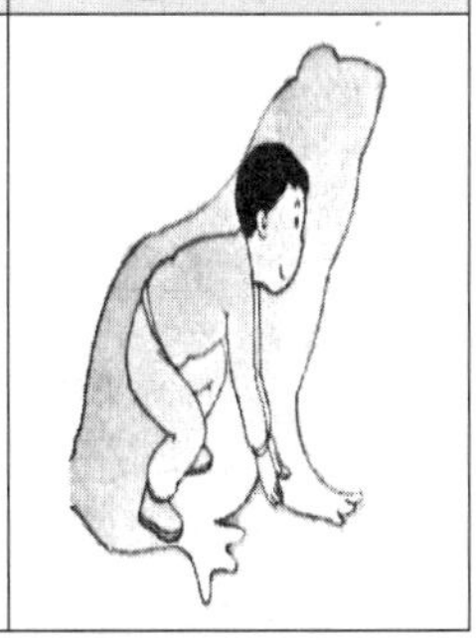

〈그림 20〉 개구리 모습 앉아 있는 모습의 동작형태

개구리 모습 흉내내기의 동작형태는 제4차, 제5차, 제7차 교육과정에서 제시되었다. 제4차 , 제5차 교육과정에서는 개구리 앉아 있는 동작형태이다. 동작형태는 제4차 1학기는 양 무릎을 넓게 벌리고 엎어진 상태에서 손바닥은 땅 짚기이다. 제4차 2학기와 제5차 교육과정에서는 엉덩이를 들고 쪼그리고 앉은 상태에서 양 무릎 사이로 양 팔을 아래로 쭉 뻗기이다. 제7차 교육과정에서는 어떤 동물인지를 알아맞히는 놀이에서 개구리 동작형태가 제시되었다. 이들 동작형태는 어린이들에게 개구리 생김새와 비이동동작인 균형잡기를 하고 있다.

제5차 1-1 '동물원'
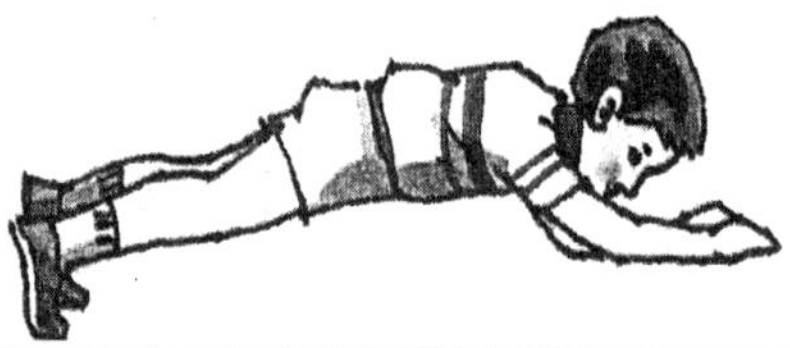

〈그림 21〉 뱀이 기어가는 모습의 동작형태

뱀이 기어가는 모습은 제5차 교육과정에서 제시되었다. 동작형태는 몸을 엎드린 상태에서 몸을 쭉 뻗고 엄지발가락 끝으로 땅을 짚고, 양 팔을 앞으로 자연스럽게 뻗은 상태에서 손바닥으로 땅을 짚는다. 이러한 동작형태는 뱀의 몸이 가늘고 긴 형태와 땅과 밀착되고 살고 있는 습성과 형태를 이해시키고 있다. 그리고 비이동동작 중 기어가기를 하고 있다.

제6차 1-1 '동물원'	제6차 2-2 '우리들 잔치'
	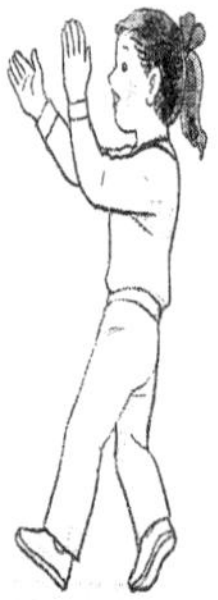

〈그림 22〉 원숭이 장난하는 모습과 박수치는 모습의 동작형태

원숭이 모습 흉내내기의 동작형태는 제6차 교육과정에서 제시되었다. 이 교육과정에서는 원숭이를 의인화시켜 표현되고 있다. 제6차 1학기에서는 원숭이들이 장난치는 모습이 제시되었고 제6차 2학기에서는 장난감 원숭이가 박수치며 걷는 모습이 제시되었다. 이들 동작형태는 어린이들이 원숭이 보고 느낀 것을 자연스럽게 표현하도록 하였다.

다) 동물 흉내내기를 통하여 춤추기

동물 흉내내기 단원은 동물 흉내내기를 통하여 기초적 동작인 이동동작과 비이동동작을 익힌 다음 춤추기를 하고 있다. 동물 흉내내기에서 춤추기는 원주상에서 각자 춤추기, 혼자 춤추기, 짝과 춤추기로 제시되었다.

제4차 1-1 '흉내내기'

〈그림 23〉 녹음기 소리에서 나는 동물의 소리 듣고 동물 흉내내면서 춤추기

동물 소리 듣고 춤추기는 제4차 교육과정에서 제시되었다. 제4차 교육과정에서는 녹음기에 나오는 동물의 소리를 듣고 원주상에서 각자 자유로이 동물 흉내내기를 하면서 춤추기이다.

제5차 1-2 '숲 속의 나라'

〈그림 24〉 동물의 탈을 쓰고 색 카드 지시에 따라서 춤추기

색 카드 제시에 따라서 춤추기는 제5차 교육과정에서 제시되었다. 제5차 교육과정에서는 동물의 탈을 쓰고 원주상에서 교사의 색 카드 지시에 따라서 동물 흉내내면서 춤추기, 멈추기, 짝짓기이다.

제6차 2-1 '숲 속의 나라'

제7차 2-1 '숲 속의 나라'

〈그림 25〉 동물의 탈을 쓰고 춤추기

동물의 탈을 쓰고 춤추기는 제6차, 제7차 교육과정에서 제시되었다. 이들 교육과정은 자신이 쓴 탈의 동물 특징 표현하기와 춤추기이다. 춤추기에서는 짝과 어깨동무하기, 양손 잡기, 마주 보기이다. 어린이들은 동물의 탈을 쓰고 춤추기를 하면서 표현의 기회를 가지며, 친구와 친해질 수 있다.

위와 같이 나는 동물과 걷는 동물을 분류하여 동작형태를 분석한 결과 다음과 같은 특징이 있음을 알 수 있다.

첫째, 각 동물의 특징, 습성, 울음소리, 모습, 형태를 관찰하고 탐구하여 표현하는 활동을 하게 하였다. 둘째, 동물 흉내내기에서 동물의 형태 표현은 주로 각 동물이 가지고 있는 특징적 부분을 강조하여 표현하게 하였다. 셋째, 새가 나는 동작, 새 한 발로 서 있기 동작, 네발 가진 동물 서 있기 동작형태는 비이동 동작 중 신체 균형을 학습하게 하고 있다. 넷째, 모이 먹는 모습은 주로 주둥이 형태를 표현하게 하였다. 다섯째, 걷는 동물들의 걷기, 뛰기, 점프하기, 달리기 동작형태는 이동동작을 학습하도록 하였다.

특히 동물 흉내내기에서는 뱀과 같이 땅과 밀착되어 생활하는 동작형태에서는 신체 대부분이 땅과 밀착되어 표현되고 있는 반면 새와 같이 나는 동작형태에서는 땅과 신체 접촉을 최소화하고 있다. 따라서 학습방법에서는 이와 같은 특징을 고려하여 제시해 주는 것이 좋다.

(2) 꽃 흉내내기

'꽃 흉내내기' 단원명은 봄 동산, 들로 산으로, 우리나라 꽃, 꽃동네 새 동네, 찾아보세요이다. 이들 단원은 다음과 같은 특징이 있다. 첫째, 봄 동산, 들로 산으로, 찾아보세요 단원은 봄의 계절과 연관되어 제시되었다. 둘째, 우리나라 꽃 단원은 나라 사랑하는 마음을 갖도록 하였다. 셋째, 꽃동네 새 동네 단원은 어린이들의 주변을 아름다운 환경으로 꾸미는 마음씨와 희망을 갖고자 제시되었다. 위와 같이 꽃 흉내내기 단원은 봄의 계절, 나라 사랑하는 마음 갖기, 어린이 생활주변 가꾸기와 연관되어 제시되었음을 알 수 있다.

'꽃 흉내내기' 단원의 학습방법은 다음과 같다.

첫째. 꽃 흉내내기의 모방활동이다. 꽃의 흉내내기를 위한 작업으로는 봄의 계절에 볼 수 있고, 들을 수 있는 소리 등을 관찰하여 꽃의 형태와 모습, 꽃의 구조, 꽃의 종류를 관찰하여 꽃의 습성을 이해하도록 하였다. 그리고 꽃 흉내내기는 동물, 자연물과 함께 꽃의 형태 표현하기, 몸으로 꽃 모양 만들기, 무궁화꽃 표현하기, 혼자 또는 2명, 3~5명, 7~10 등이 한 조가 되어 꽃 모양 만들기, 신체 높이를 다르게 하여 무궁화꽃 표현하기, 꽃의 일생 이야기를 구성하여 움직임으로 나타내기, 비이동 움직임으로 나타내기 등이 제시되었다. 셋째, 꽃을 주제로 춤추기이다. 춤추기는 꽃 흉내내기의 동작을 종료한 후의 과정이다. 꽃을 주제로 춤추기 내용은 음악에 맞춰 춤추기, 꽃과 나비의 이야기를 춤으로 구성하기, 율동적인 동작으로 춤 만들기, 우리나라꽃 노래가사에 맞게 만든 춤 발표하기 등이 제시되었다. 넷째, 모둠별로 발표하기와 감상하기 그리고 평가하기가 제시되었다.

위와 같이 꽃 흉내내기는 꽃의 형태, 구조를 움직임으로 표현한 다음 꽃을 주제로 춤추기와 발표하기를 하고 있다.

다음은 '꽃 흉내내기' 동작형태이다.

'꽃 흉내내기' 동작형태는 꽃의 성장과정을 제시하고 있다. 그 내용은 꽃봉오리 모습, 꽃이 피는 과정, 꽃잎의 형태, 키 큰 꽃, 중간 꽃, 키 작은 꽃, 꽃과 나비 등이다.

제4차 2-1 '봄 동산'

제5차 2-1 '들로 산으로'		
동작 1	동작 2	동작 3

제6차 2-2 '우리나라꽃'	제7차 2-1 '찾아보세요'

〈그림 26〉 꽃봉오리의 동작형태

꽃봉오리 동작형태는 아직 피지 않은 꽃이지만, 꽃눈이 상당히 발달하여 개화가 가까워진 상태를 표현하는 것이다. 따라서 동작표현은 주로 오목한 형태를 취하고 있다. 이것은 언제든지 꽃눈이 열려 개화할 것 같은 느낌을 표현한 것이다. 꽃봉오리 동작형태는 1인, 4인, 5인에 의하여 표현되고 있다.

꽃봉오리 동작형태는 제4차, 제5차. 제6차, 제7차 교육과정에서 제시되었다. 이들 교육과정에서는 꽃봉우리는 오목한 형태로 표현되고 있다. 제4차 교육과정에서는 4인이 원안을 보고 선 다음 한 발을 원안을 내딛고 각자의 양 팔을 들어 손끝이 닿게 하는 것이다. 제5차 교육과정에서 동작 1)은 자신의 양 팔을 둥글게 하여 얼굴을 감싸면서 머리 위에서 손끝을 닿게 하는 것이다. 동작 2)는 자신의 양 팔을 얼굴 앞에서 들어 올려 머리 위에서 손목을 맞닿게 하고 양 손을 오목하게 하는 것이다. 동작 3)은 5인이 원안을 보고 선 다음 각자의 양 팔로 옆 사람 허리를 감싼다. 제6차 교육과정에서는 꽃봉오리 동작형태가 제5차 교육과정 1동작과 같다. 그리고 제7차 교육과정에서는 양 팔로 자신의 얼굴을 감싸듯이 하여 머리 위에 올려놓고 손과 손을 맞닿게 한 다음 오목하게 형태를 취한다. 이와 같이 꽃봉오리 동작형태는 어린이들에게 꽃이 피는 첫 단계를 이해시키고 있다.

제4차 2-1'봄 동산'

〈그림 27〉 피는 꽃 동작형태

피는 꽃 동작형태는 제4차 교육과정에서 제시되었다. 4인은 한 발을 원안으로 내딛고 양 팔을 사선으로 벌려서 자신의 새끼손가락과 옆 사람 새끼손가락이 맞닿게 한다. 그리고 최대한 자신의 머리와 가슴을 뒤로 젖히면서 피는 꽃의 동작형태를 취한다. 피는 꽃 동작형태는 4장의 꽃잎이 피는 과정을 표현하고 있다.

제4차 2-1 '봄 동산'

제5차 2-1 '들로 산으로'

제6차 2-1 '꽃동네 새 동네'	
동작 1	동작 2

동작 3	동작 4

동작 5	동작 6

동작 7	동작 8

제7차 2-1 '찾아 보세요'

〈그림 28〉 핀 꽃의 동작형태

핀 꽃 동작형태는 다양하게 표현되고 있다. 그것은 1인, 2인, 3인, 4인, 7인, 11인에 의해서 표현되고 있다. 핀 꽃의 동작형태는 꽃잎, 꽃술, 꽃줄기, 꽃잎사귀 등이 함께 표현되고 있다.

핀 꽃의 동작형태는 제4차, 제5차, 제6차, 제7차 교육과정에서 제시되었다. 핀 꽃 동작형태는 주로 4장, 5장, 9장 꽃잎을 형태화시켜 표현되고 있다. 제4차 교육과정에서는 4인은 각자의 한쪽 발을 원 안쪽으로 내딛고 허리를 굽힌 다음 활모양으로 약간 둥글게 하여 옆 사선으로 벌려서 옆 사람 손끝과 맞닿도록 하여 4장 꽃잎 표현하기이다. 제5차 교육과정에서는 4인은 한 발을 원 안으로 딛으면서 자신의 가슴을 약간 원 안으로 굽힌다. 그리고 양 팔을 사선 위로 들어 옆 사람 손끝과 맞닿게 하여 4장의 꽃잎을 표현하는 것이다. 제6차 교육과정에서는 1인, 2인, 3인, 4인, 7인, 11인에 의하여 핀 꽃 형태를 표현하고 있다.

동작 1)은 1인은 자신의 얼굴을 떠받치는 느낌으로 양 팔을 들어 올린다. 들어 올린 양 팔은 곡선이 되도록 팔꿈치를 살짝 꺾는다.

동작 2)는 1인은 각자 얼굴이 꽃이 된다. 각자 양 무릎을 꿇고 앉은 상태에서 양 손바닥으로 턱을 받쳐 얼굴이 꽃이 되게 한다. 이 때 얼굴은 꽃, 양 손바닥은 꽃받침, 양 팔은 꽃자루의 동작형태가 되는 것이다.

동작 3)은 2인에 의한 핀 꽃 동작형태이다. 한 사람은 정면을 보고 차렷 자세로 서서 한쪽 팔만 위로 든다. 들어 올린 팔은 곡선이 되도록 팔꿈치와 팔목을 살짝 꺾는다. 그리고 또 한 사람은 서 있는 사람 팔 든 측면에 앉아서 한쪽 무릎만 세우고 앉은 상태로 양 팔을 나란히 들어 서 있는 사람 허리에 갖다 댄다. 2인의 꽃 형태 표현은 다소 추상적이다.

동작 4)는 3인에 의한 핀 꽃 동작형태이다. 3인 중 한 사람은 가운데 차렷 자세로 서서 양 팔로 얼굴을 감싸듯이 들어 올린다. 들어 올린 팔은 곡선이 되도록 팔꿈치와 팔목을 꺾어 든다. 그리고 양쪽에 서 있는 사람은 자신의 등을 중앙에 서 있는 사람 다리에 기대고 앉는다. 앉은 상태에서 양 다리와 양 팔을 자신의 정면으로 쭉 뻗어 들어 꽃 잎사귀를 표현한다.

동작 5)는 4인에 의한 핀 꽃 동작형태이다. 4인은 원 밖을 보고 각자 높이를 달리 하여 앉은 다음 두 사람은 양 팔을 자신의 몸 뒤로 들고 다른 두 사람은 양 팔을 옆 사선 위로 들어 핀 꽃을 표현한다.

동작 6)은 4인에 의한 핀 꽃 동작형태이다. 4인은 각기 높낮이 다르게 하여 앉거나, 선 상태가 되게 한다. 맨 앞쪽에 있는 사람은 양 무릎을 붙이고 쭉 뻗은 상태에서 자신의 가슴을 앞으로 밀듯이 하여 몸을 숙인다. 뒤쪽 중앙에서 있는 사람은 양 팔로 자신의 얼굴을 감싸듯이 하여 양 팔을 머리 위로 든다. 그리고 옆 두 사람은 무릎을 꿇고 앉아서 가슴과 머리를 살짝 숙이고 양 팔을 자신의 몸 뒤 사선으로 들어서 모두 4장의 꽃잎이 되게 한다.

동작 7)은 7인에 의한 핀 꽃 동작형태이다. 7인은 원 안을 보고 손을 잡는다. 그리고 3명은 엉덩이가 땅에 닿지 않게 하여 다리를 원 안으로 뻗어 3인의 발바닥과 발바닥이 맞닿게 한다. 그리고 나머지 4인은 다리를 어깨 넓이로 벌려서 3명이 땅에 엉덩이가 닿지 않도록 팔을 당겨서 큰 꽃잎을 표현한다. 이 때 꽃잎은 4장이 된다.

동작 8)은 11인에 의한 핀 꽃과 꽃 수술 동작형태이다. 11인 중 9인은 엉덩이를 땅에 대고 앉은 상태에서 두 다리를 원 안쪽으로 뻗고 양 손으로 옆 사람 손을 잡아서 꽃잎의 형태를 취한다. 그리고 나머지 두 사람은 원에서 한 사람이 다른 한 사람을 목마에 태우고 서서 꽃수술의 형태를 취한다. 제7차 교육과정에서 1인에 의한 핀 꽃 동작형태는 한 발을 들고 앉은 상태에서 얼굴을 양 팔로 둥글게 감싸면서 표현하고 있다. 핀 꽃 동작형태는 제6차 교육과정에서 다양하게 표현되고 있다.

제5차 2-1 '들로 산으로'

제6차 2-2 '우리나라꽃

〈그림 29〉 키 큰 꽃, 중간 꽃, 키 작은 꽃의 동작형태

키 큰 꽃, 중간 꽃, 키 작은 꽃 동작표현의 형태는 주로 신체의 높낮이에 의하여 표현되고 있다.

키 큰 꽃, 중간 꽃, 키 작은 꽃 동작형태는 제5차, 제6차 교육과정에서 제시되었다. 제5차 교육과정에서는 양쪽 무릎 꿇고 엉덩이 들기, 한쪽 무릎 세우고 앉기, 차렷 자세로 서기하면서 한쪽 팔만 위로 들기, 양 손바닥 하늘로 향하게 하여 양 팔 높낮이 달리하여 들기, 양 팔 같은 높이로 사선 위로 들기, 양 손 머리 위에서 팔목 대고 손바닥을 오목하게 하여 벌려 들기로 표현되고 있다.

제6차 교육과정에서는 차렷 자세 또는 양 다리를 벌리고 선 자세에서 양 팔 옆으로 들기, 양 팔 위 사선으로 들기를 하면서 표현하고 있다. 꽃의 높낮이

동작형태는 제5차 교육과정에서 다양하게 표현되고 있다.

제5차 2-1 '들로 산으로'

제6차 2-1 '꽃동네 새 동네'	
동작 1	동작 2

〈그림 30〉 꽃과 나비 동작표현의 형태

꽃과 나비의 동작형태는 꽃과 연관되는 나비를 제시하여 아동들의 심성을 부드럽게 하고 있다. 여기서는 꽃과 나비를 주제로 하여 춤추기로 제시되었다.

꽃과 나비의 동작형태는 제5차, 제6차 교육과정에서 제시되었다. 제5차 교육과정에서는 나비가 네 잎의 꽃의 형태를 취하고 있는 사람에게 미끄러지듯이 다가가고 있다. 제6차 교육과정에서는 동작 1)은 꽃이 된 사람은 한쪽 무릎은 땅에 꿇고 다른 한쪽 무릎을 세우고 앉아서 양 손바닥으로 자신의 턱을 받쳐 얼굴이 꽃이 되게 한다. 그리고 나비가 된 사람은 꽃이 되어 앉아 있는 사람을 향하여 달려오면서 반갑게 시선을 꽃쪽으로 향하고 있다. 동작 2)는 3인은 각자 신체 높낮이를 다르게 하여 자신의 얼굴을 감싸듯이 양 팔을 들어 올려 튤립의 형태를 취한다. 그리고 나비가 된 1인은 양 팔을 자신의 몸 뒤로 뻗으면서 꽃에 날아가 앉으려고 한다. 꽃과 나비 춤추기는 서로 다정한 느낌으로 표현되고 있다.

위와 같이 꽃 흉내내기는 동작형태를 분석한 결과 다음과 같은 특징이 있음을 알 수 있다.

첫째, 꽃 흉내내기는 꽃이 피는 과정을 표현하고 있다. 어린들은 꽃이 피는 과정을 동작으로 표현하면서 꽃의 습성과 형태를 이해한다.

둘째, 꽃 피는 과정은 꽃봉오리, 피는 꽃, 핀 꽃 순서로 동작형태가 제시되었다. 꽃봉오리 동작형태는 오목한 형태로 표현되고 있다. 피는 꽃과 핀 꽃은 꽃잎의 동작형태를 취함으로 표현되고 있다.

셋째, 키 큰 꽃, 중간 꽃, 키 작은 꽃 동작형태는 신체 높낮이를 달리하여 표현되고 있다.

넷째, 꽃과 나비 춤추기는 서로 다정하고 조화롭게 표현되도록 하고 있다. 꽃 흉내내기는 꽃과 나비가 함께 표현되는 경우가 많은데 이것은 어린들에게 부드럽고 온화한 심성을 길러 주기 위한 것이다.

다섯째, 꽃 흉내내기는 동작형태에서 아름답게 표현하는데 중점을 두고 있다. 이것은 동물 흉내내기가 어린이들의 신체발육을 위하여 뛰기, 달리기, 걷기, 균형잡기 등에 중점을 두고 있는 것과는 대조적이다.

2) 수 개념을 위한 동작교육

'수 개념을 위한 동작교육'은 숫자놀이를 통해 이뤄진다. 어린이들은 숫자를 동작, 언어, 박자로 표현한다. 어린이들은 자신이 배운 숫자들을 언어로 표현하고, 동작으로 형태화시키는 것을 좋아한다. 이러한 활동을 통하여 어린이들은 숫자를 재밌게 익히게 된다. 숫자 흉내내기는 수 개념을 위한 동작교육의 일환이다.

수 개념을 위한 동작교육의 단원은 숫자놀이로 제시되었는데 이는 주로 숫자 흉내내기이다. 따라서 숫자 흉내내기로 제시하겠다. 숫자 흉내내기 단원은 다음과 같은 특징이 있다. 첫째, 제4차 교육과정에서는 숫자놀이 단원은 외국 민속무용 춤추기를 통하여 숫자학습을 하고 있다. 둘째, 제5차, 제6차 교육과정에서는 숫자놀이 단원은 숫자 '0～9'를 신체 동작으로 형태화시키면서 학습되고 있다.

'숫자 흉내내기' 단원의 학습방법은 다음과 같다.

첫째, 독일 어린이 춤추는 대형과 방법에 대하여 이야기를 한 다음 독일 어린이 민속춤(Kinder Polka)을 추면서 동작의 횟수와 언어를 통하여 숫자를 학습하고 있다. 둘째, 숫자 '0～9'에서 연상되는 것들을 알아보게 하여 교사가 제시한 숫자를 다양한 방법으로 표현하게 하고 있다. 셋째, 2인 1조, 4인 1조, 혹은 3명, 3~10명이 한 조가 되어서 교사가 제시한 숫자를 다양한 방법으로 만들게 하였고, 교사가 제시한 숫자를 빨리 만들게 하였다. 넷째 평가하기가 제시되었다.

다음은 '숫자 흉내내기' 동작형태이다.

숫자 흉내내기 동작형태는 숫자 '0～9'까지를 표현하는 학습이 제시되었는데 제4차 교육과정에서는 숫자 '1～4'까지 학습을 독일 어린이 민속춤 '폴카'를 추면서 동작 횟수와 언어로 제시하여 학습하고 있다. 그리고 제5차, 제6차 교육과정에 숫자 '0~9'자를 몸으로 숫자를 형태화시켜 표현하고 있다.

제4차 1-1 '숫자놀이'	제5차 1-1 '숫자놀이'	제6차 1-1 '숫자놀이'

〈그림 31〉 숫자 '1' 동작형태

숫자 '1' 동작형태는 제4차 교육과정에서는 춤을 추다가 자신의 무릎을 한 번 치면서 소리내어 '하나'라고 외치며 숫자 학습을 하고 있다. 그리고 제5차와 제6차 교육과정에서는 몸을 최대한 똑바르게 차렷 자세 취하여 숫자 '1' 형태를 취한다.

제4차 1-1 '숫자놀이'	제5차 1-1 '숫자놀이'	제6차 1-1 '숫자놀이'

〈그림 32〉 숫자 '2' 동작형태

숫자 '2' 동작형태는 제4차 교육과정에서는 춤을 추다가 자신의 가슴에서 손뼉을 치면서 소리내어 '둘' 외치면서 숫자 학습을 하고 있다. 그리고 제5차와 제6차 교육과정에서는 무릎 꿇고 엉덩이를 든 상태에서 자신의 몸 앞에 양 팔을 들어 손등과 손등이 맞닿으면서 팔을 둥글게 하여 숫자 '2' 형태를 취한다.

제4차 1-1 '숫자놀이'		제5차 1-1 '숫자놀이'	제6차 1-1 '숫자놀이'

〈그림 33〉 숫자 '3' 동작형태

숫자 '3' 동작형태는 제4차 교육과정에서는 두 가지가 제시되었다. 첫 번째 방법은 짝과 마주 보고 춤을 추다가 짝과 함께 손뼉 3번 치기이다. 두 번째 방법은 짝과 마주 보고 오른발을 앞으로 내밀고 힐 터치 3번하면서 각자 오른손 손가락으로 짝을 3번 가리킨다. 그리고 제5차와 제6차 교육과정에서는 몸의 측면이 정면 되도록 앉은 다음 두 다리를 붙이고 쭉 뻗은 상태에서 양 팔을 자신의 몸 앞으로 뻗는다. 그리고 오른팔은 위로, 왼팔은 밑으로 벌려서 팔의 형태를 둥글게 하여 숫자 '3' 형태를 취한다.

제4차 1-1 '숫자놀이'	제5차 1-1 '숫자놀이'	제6차 1-1 '숫자놀이'
		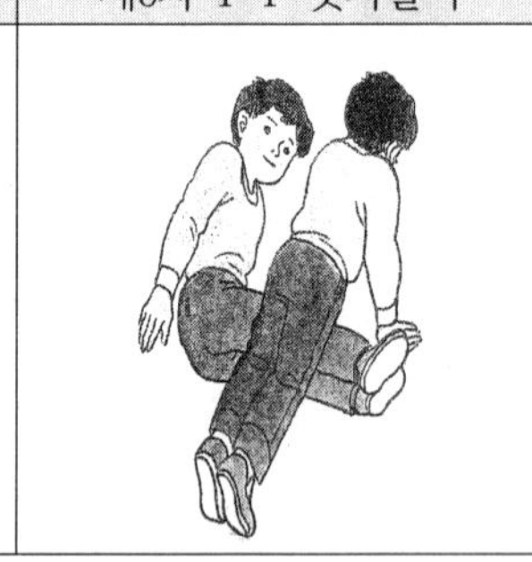

〈그림 34〉 숫자 '4' 동작형태

숫자 '4' 동작형태는 제4차 교육과정에서는 춤을 추다가 짝과 어깨를 스쳐 4걸음 나아가 새 짝과 만나는 것으로 되어 있다. 그리고 제5차 교육과정에서는 한 사람이 몸의 측면이 정면이 되도록 차렷 자세로 선 다음 지탱하고 있는 한쪽 다리의 무릎 선에 다른 한쪽 다리를 굽혀 들어 숫자 '4'의 형태를 취하고 있다. 끝으로 제6차 교육과정에서는 두 사람이 숫자 '4'를 표현하고 있는데 이중 한 사람은 자시의 몸을 'ㄴ'자로 만들고 다른 한 사람은 'ㄴ'자 형태를 한 사람의 다리 위에서 자신의 몸을 일자로 뻗어서 숫자 '4' 형태를 취한다.

제5차 1-1 '숫자놀이'	제6차 1-1 '숫자놀이'

〈그림 35〉 숫자 '5' 동작형태

숫자 '5' 동작형태는 제5차와 6차 교육과정에서는 몸의 측면이 정면이 되도록 선 다음 자신의 양 팔을 몸 앞으로 나란히 들고 양 무릎을 굽히면서 최대한 양 팔을 앞으로 밀면서 숫자 '5' 형태를 취하고 있다.

제5차 1-1 '숫자놀이'	제6차 1-1 '숫자놀이'
	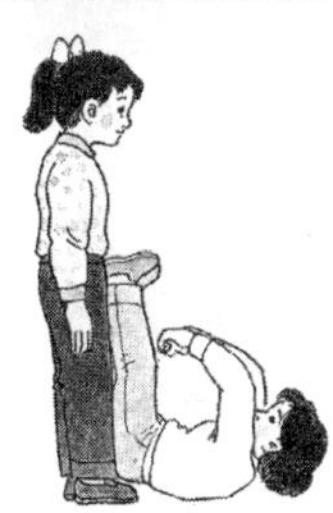

〈그림 36〉 숫자 '6' 동작형태

숫자 '6' 동작형태는 제5차, 제6차 교육과정에서 제시되었다. 제5차 교육과정에서는 한 사람에 의해서 동작으로 표현되고 있다. 몸의 측면이 정면이 되도록 하여 하늘을 보고 누운 상태에서 양 다리를 모아 든 상태가 'ㄴ'자가 되게 한다. 그리고 손등과 손등이 맞닿게 하여 허벅지에 갖다 대면서 최대한 공간을 확보하여 숫자 '6'의 형태를 취한다. 제6차 교육과정에서는 두 사람에 의해서 동작으로 표현되고 있다. 2명의 어린이는 몸의 측면이 정면이 되게 선 다음 한 사람은 하늘을 보고 누운 상태에서 양 다리를 모아들어서 차렷 자세로 서 있는 다른 한 사람의 몸에 자신의 다리를 갖다 놓은 것이 'ㄴ'자가 되게 한다. 그리고 손등과 손등을 맞닿게 하여 자신의 허벅지에 갖다 대면서 최대한 공간을 확보하여 숫자 '6'의 형태를 취한다.

위와 같이 숫자 '6' 형태는 제6차 교육과정에서 보다 구체화되어 표현되고 있는데 그것은 'ㄴ'자로 누워 있는 사람의 발을 연장시켜 줌으로써 동작의 형태가 명확히 표현되고 있기 때문이다.

제5차 1-1 '숫자놀이'	제6차 1-1 '숫자놀이'

〈그림 37〉 숫자 '7' 동작형태

숫자 '7' 동작형태는 제5차와 제6차 교육과정에서 제시되었다. 제5차 교육과정에서는 정면으로 선 다음 한 팔을 든 상태에서 손목을 밑으로 꺾는다. 그리고 들어 올린 한쪽 팔쪽으로 고개를 갸우뚱하여 숫자 '7' 형태를 취한다. 제6차 교육과정에서는 몸의 측면이 정면이 되도록 선 다음 양 팔을 자신의 앞으로 나란히 뻗어 들고 턱을 자신의 몸쪽으로 당기면서 팔과 팔 사이로 머리를 숙여서 숫자 '7' 형태를 취한다.

제5차 1-1 '숫자놀이'	제6차 1-1 '숫자놀이'
	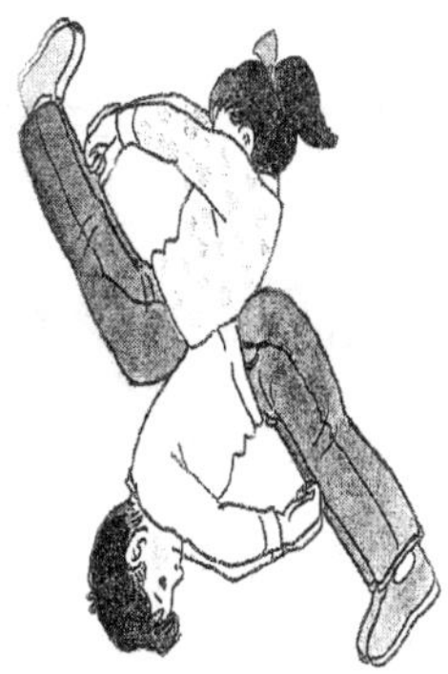

〈그림 38〉 숫자 '8' 동작형태

숫자 '8' 동작형태는 제5차, 제6차 교육과정에서 제시되었다. 제5차 교육과정은 1인에 의해서 동작으로 표현되고 있다. 1인은 정면으로 선 다음과 양 팔은 머리 위로 올려 둥글게 하고 양 발꿈치를 붙이고 양 무릎을 바깥쪽으로 밀듯이 하면서 팔과 다리가 '0'자가 되게 하여 숫자 '8'의 형태를 취한다. 제6차 교육과정에서는 2인에 의해서 동작으로 표현되고 있다. 2인은 서로의 등을 대고 누워서 허리를 굽혀 자신의 양 팔을 무릎에 갖다 놓는다. 최대한 공간을 확보하여 숫자 '8'의 형태를 취한다. 숫자 '8'은 신체 공간 확보를 통하여 표현되고 있다.

제5차 1-1 '숫자놀이'	제6차 1-1 '숫자놀이'

〈그림 39〉 숫자 '9' 동작형태

숫자 '9' 동작형태는 제5차과 제6차 교육과정에서 제시되었다. 제5차 교육과정에서는 1인의 몸이 측면이 되게 선 다음 자신의 손과 손을 맞잡고 둥글게 하여 최대한 공간을 확보하여 숫자 '9' 형태를 취한다. 제6차 교육과정에서는 1인이 몸의 측면이 정면 되게 선 다음 등이 펴진 상태로 허리 굽혀 양 손의 손바닥을 허벅지에 갖다 대어 몸의 형태가 'ㄱ'자가 되게 하여 최대한 공간을 확보하여 숫자 '9'의 형태를 취한다. 숫자 '9' 형태는 신체 공간 확보를 통하여 동작으로 표현되고 있다.

제5차 1-1 '숫자놀이'	제6차 1-1 '숫자놀이'

〈그림 40〉 숫자 '0' 동작형태

숫자 '0' 동작형태는 제5차, 제6차 교육과정에서 제시되었다. 제5차 교육과정은 1인에 의하여 동작으로 표현되고 있다. 1인은 몸의 측면이 정면이 되도록 선 다음 허리를 굽혀 양 손끝을 자신의 발끝에 갖다 대면서 몸을 최대한 둥글게 만들어 공간을 확보하여 숫자 '0'의 형태를 취한다. 제6차 교육과정은 2인에 의하여 동작으로 표현되고 있다. 2인은 서로 마주 보고 선 다음 서로의 발끝을 맞닿게 한 다음 양 손을 잡고 상체와 엉덩이를 각자의 뒤쪽으로 밀면서 팔을 팽팽하게 붙잡는다. 그리고 최대한 공간 확보하여 숫자 '0'의 형태를 취한다. 숫자 '0'의 형태는 신체 공간 확보를 통하여 동작으로 표현되고 있다.

위와 같이 숫자 흉내내기 동작형태를 분석한 결과 다음과 같은 특징이 있음을 알 수 있다.

첫째, 제4차 교육과정에서는 숫자 '1～4'까지를 독일의 민속춤을 통해서 표현하게 하였다. 독일의 민속춤을 추면서 박자를 익히고 소리를 내게 해 언어와 동작으로 표현하게 하였다. 숫자놀이의 구체적 동작은 춤을 추면서 박자에 맞게 발 스텝과 손뼉치기, 손가락으로 짝을 가리키며 숫자 학습하기이다. 제4차 교육과정에서는 숫자의 형태에 대한 표현보다는 동작 횟수에 치중하고 있다.

둘째, 제5차와 제6차 교육과정에서는 동작표현의 형태를 취하면서 숫자 흉내내기를 하고 있다. 여기서는 숫자 '0～9' 중 '0', '2', '3', '6', '8', '9'는 신체의 공간 확보에 치중하면서 신체 동작으로 숫자를 형태화시키고 있다. 그리고 숫자 '1', '4', '5', '7'은 신체의 선 만들기에 치중하면서 동작으로 숫자를 형태화시키고 있다. 특히 제6차 교육과정에서는 숫자 '0', '4', '6', '8'이 제5차 교육과정에 비해 보다 구체화된 형태로 표현되고 있다. 제6차 교육과정에서는 이 숫자들이 2인에 의한 공간 확보를 통해 그 동작이 더 구체화되고 있다.

셋째, 숫자 흉내내기는 제7차 교육과정에서는 제시되지 않았다. 요즘 초등학교 1~2학년은 유치원과정에서 기초적 숫자 개념을 배우고 학교에 입학한다. 따라서 숫자 학습이 동작교육을 통해 이루어지기 위해서 숫자의 범위를 넓혀 다양한 동작표현 형태를 제시할 필요가 있다. 앞으로 동작표현의 숫자 범위를 확대할 필요가 있다.

3) 확산적 사고를 위한 동작교육

확산적 사고를 위한 동작교육의 대상은 비행기 흉내내기와 우주에 타고 갈 물체들이다. 이들 대상은 어린이들에게 인공물에 대한 구조와 기능을 이해하게 하고, 지구와 우주 공간에 대한 환경에 차이가 있다는 인식을 통하여 확산적 사고를 갖게 한다. 그리고 어린이들은 비행기와 로켓, 우주열차, 비행접시의 착륙과 이륙동작을 표현하면서 지금까지 지내 오던 공간보다 더 넓은 세계에 대한 인식을 갖게 된다. 특히 어린이들은 상상을 통하여 하늘과 우주에 대한 꿈을 키운다. 미래는 많은 나라가 우주 개발에 힘쓸 것이고, 그것은 곧 부강한 나라와 직결될 것이다. 그러므로 어린이들은 우주에 대한 상상력과 호기심을 가지고 상상했던 우주의 세계를 마음껏 동작으로 표현해 보는 것은 매우 의미가 크다.

(1) 비행기 흉내내기

'비행기 흉내내기' 단원명은 비행기, 달나라 별나라, 날아라 하늘로이다. 이들 단원은 다음과 같은 특징이 있다. 첫째, 비행기 단원은 집단 활동을 통하여 단체 생활에 익숙하게 하는 것과 공기가 물체에 미치는 영향을 이해하며 운동 속도와 공기와 저항의 관계 이해를 위해서 제시되었다. 둘째, 달나라 별나라 단원은 우주개발에 힘쓰며, 우리 손으로 우주여행을 실현할 수 있다는 자신감을 갖게 하기 위하여 제시되었다. 셋째, 날아라 하늘로는 하늘을 마음껏 날아보고 싶어하는 욕망을 가지게 하고 하늘에 대한 관심과 호기심, 흥미를 고취시키기 위하여 제시되었다. 이와 같이 비행기 흉내내기는 집단 활동, 하늘에 대한 관심과 호기심, 공기가 물체에 미치는 영향 등을 이해시키고자 제시되었음을 알 수 있다.

'비행기 흉내내기' 단원의 학습방법은 다음과 같다.

첫째로, 다양한 비행기 종류와 나는 모습에 대하여 이야기를 하고 있다. 둘째로, 종이비행기 나는 모습을 관찰하여 비행기의 이륙 · 착륙 모습을 혼자 또는 두세 명, 여러 명이 함께 흉내내는 동작과 각 분단의 조장을 따라서 흉내내는 동작이 제시되었다. 셋째로, 교사의 호루라기, 깃발, 수신호에 따라서 천천히, 빠르게 하면서 비행기 흉내내기 동작을 하고 있다. 넷째로, 평가하기도 제시되었다. 이와 같이 비행기 흉내내기는 종이비행기를 만들어 날려 본 다음 비행기 이륙과 착륙동작을 하고 있다.

다음은 비행기 흉내내기 동작형태이다.

비행기 흉내내기 동작형태는 이륙과 착륙하는 모습이다. 이륙 동작형태는 양 팔을 벌리고 달리는 동작이다. 그리고 착륙 동작형태는 양 팔을 몸 뒤로 하여 천천히 멈추는 동작이다.

제5차 1-2 '비행기'

제6차 1-2 '비행기'

제7차 1-1 '날아라 하늘로'	
동작 1	동작 2
	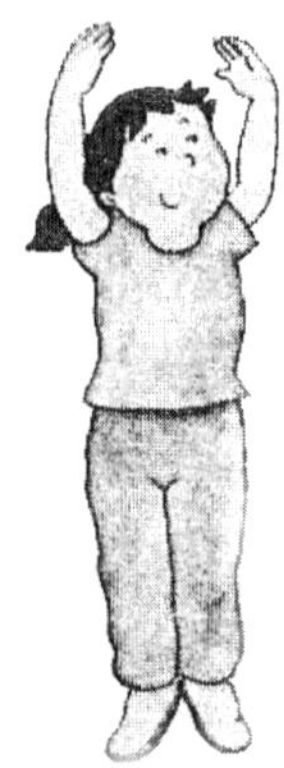

〈그림 41〉 비행기 이륙하는 동작형태

비행기 이륙 동작형태는 양 팔을 벌리고 달리기, 미끄러지기, 위로 점프하기 이다.

비행기 이륙동작 형태는 제5차, 제6차, 제7차 교육과정에서 제시되었다. 제5차 교육과정에서는 양 팔을 벌리고 쪼그리고 앉은 상태에서 무릎을 서서히 펴면서 달려 나아가고 있다. 제6차 교육과정에서는 양 팔을 옆으로 벌리고 앞으로 허리를 굽힌 다음 한 발을 앞으로 미끄러지듯이 내민다. 미끄러질 때 뒷발은 자연스럽게 들어올린다. 제7차 교육과정에서 동작 1)은 양 팔을 옆으로 벌리고 달리기이다. 동작 2)는 양 팔을 자신의 머리 위로 수직으로 들어올리면서 양 다리는 쭉 뻗은 상태에서 위로 점프하기이다. 비행기 이륙하는 동작은 제5차, 제6차, 제7차에서 양 팔을 옆으로 벌려 비행기 날개를 상징하고 있다. 특히 제7차에서 동작 2)는 점프하는 동작은 기존의 비행기 이륙하는 동작형태에서 탈피하고 있다.

제5차 1-2 '비행기'

제6차 1-2 '비행기'

제7차 1-1 '날아라 하늘로'

〈그림 42〉 비행기 착륙하는 동작형태

비행기 착륙 동작형태는 이륙하는 과정을 역으로 하고 있다.

비행기 착륙 동작형태는 제5차, 제6차, 제7차 교육과정에 제시되었다. 이들 교육과정에서는 양 팔을 뒤로 젖히고 있는 것은 비행기 날개가 접히고 있는 것을 표현한 것이다. 비행기 착륙 동작형태는 이륙과정을 반대로 제시하고 있다. 그리고 비행기 착륙 동작형태는 교육과정 변천에서 변화가 없다.

위와 같이 비행기 이륙과 착륙하는 동작형태를 분석한 결과 다음과 같은 특징이 있음을 알 수 있다.

첫째, 비행기 이륙할 때 양 팔을 벌리기와 비행기 착륙할 때 양 팔을 뒤로 뻗는 동작형태는 공기 저항과 관계가 있다. 어린이들은 이러한 동작형태를 통하여 공기 저항을 이해하게 된다. 둘째, 조장을 따라 하면서 집단 활동에서 자율적으로 참여하면서 질서의 중요성을 알게 된다.

(2) 우주 흉내내기의 동작형태

'우주 흉내내기' 단원은 주로 로켓, 비행접시, 우주열차, 외계인 등 물체 형태 흉내내기와 외계인 흉내내기이다. 따라서 우주에 대한 동작형태는 흉내내기의 범주로 분류하여 제시한다. '우주 흉내내기' 단원명은 달나라 별나라, 우주여행, 우주탐험이다. 이들 단원은 다음과 같은 특징이 있다.

첫째, 달나라 별나라 단원은 우주의 신비스러움에 대하여 상상을 통하여 마음껏 표현하기와 우주개발에 힘쓰며, 우리 손으로 우주여행을 실현할 수 있다는 자신감을 갖게 하기 위하여 제시되었다. 둘째, 우주여행 단원은 어린이들에게 우주 세계에 대한 꿈을 심어 주기 위하여 제시되었다. 셋째, 우주탐험 단원은 고정된 사고의 틀을 깨고 확산적 사고를 갖고 창의적이며 독창적으로 자유롭게 표현하는 활동과 연관되어 제시되었다. 이와 같이 우주 흉내내기 단원은 고정된 사고의 틀에서 벗어나 확산적 사고를 갖고 표현하는 가운데 우주의 신비로움 표현하기와 우주여행 실현을 위하여 제시되었음을 알 수 있다.

'우주 흉내내기' 단원의 학습방법은 다음과 같다.

첫째, 우주에 타고 갈 것 물체에 대한 이야기이다. 우주에 타고 갈 것 상상하여 이야기하기, 우주선의 유형이나 걷는 모습 VCR 자료로 보기, 외계인의 특징적 움직임 이야기하기 등이다. 둘째, 타고 갈 물체 형태 표현하기이다. 여럿이 우주열차, 로켓, 우주선 동작형태 만들기, 기본 움직임 익히기이다. 셋째, 움직이는 우주선 표현하기와 외계인 표현하기이다. 위로 솟구치며 이동하기, 앞사람 따라 이동하기, 회전운동하면서 이동하기, 다양한 외계인 모습 흉내내기이다. 넷째, 평가하기이다.

이와 같이 우주 흉내내기 단원 학습방법은 상상한 우주물체와 외계인에 대하여 이야기를 한 다음 우주열차, 로켓, 비행접시의 형태를 통하여 이들의 움직임을 표현하고 있다.

다음은 '우주 흉내내기'의 동작형태이다.

'우주 흉내내기' 동작형태는 로켓, 우주선, 우주열차, 비행접시, 우주에 내려 탐색하는 모습, 외계인 모습 표현하기이다.

제5차 1-1 '달나라 별나라'	
동작 1	동작 2
	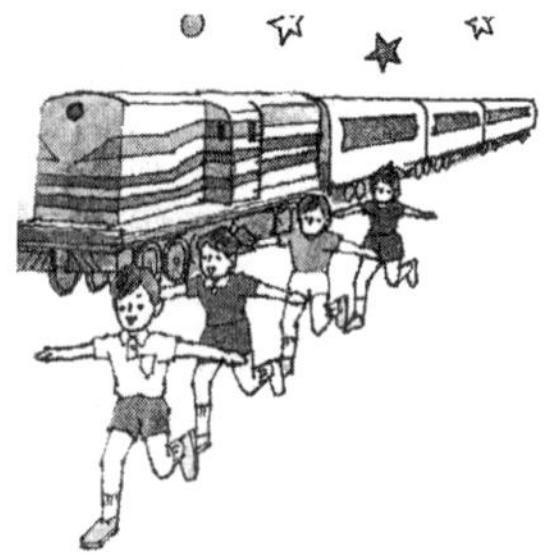

〈그림 43〉 로켓, 우주열차의 동작형태

로켓과 우주열차 동작표현의 형태는 제5차 교육과정에서 제시되었다. 동작 1)은 로켓의 형태 표현하기이다. 로켓 동작형태는 신체 높낮이를 달리하여 표현하기이다. 이들 동작형태는 양 팔로 자신의 얼굴을 감싸면서 머리 위로 올린 다음 양 손바닥을 붙여서 손끝을 뾰쪽한 형태로 표현하고 있다. 이것은 로켓의 맨 위쪽 끝 부분을 표현한 것이다. 동작 2)는 우주열차의 동작형태이다. 4인은 양 팔을 옆으로 벌리고 한 줄 뒤로 서서 달리기이다. 한 줄 뒤로 나란히 선 것은 기차의 형태를 표현한 것이다. 어린이들은 로켓과 우주열차의 형태를 이해하게 된다.

제6차 2-2 '우주여행'

〈그림 44〉 우주선 착륙의 동작형태

우주선 착륙의 동작형태는 제6차 교육과정에서 제시되었다. 이 교육과정에서는 양 팔을 옆으로 벌리고 한쪽 무릎은 땅에 대고 다른 한쪽 무릎은 세운 상태로 앉는다. 양 팔을 옆으로 벌린 것은 우주선의 둥근 모양을 표현한 것이다.

제6차 2-2 '우주여행'	
동작 1	동작 2

〈그림 45〉 달나라에 탐색 하는 동작형태

달나라에 탐색하는 동작형태는 제6차 교육과정에서 제시되었다. 동작 1)은 우주 공간에서 균형을 잡기 위하여 양 다리를 적당히 벌리고 살짝 굽힌 상태로 서 있기이다. 동작 2)는 우주공간에서 떠 있는 모습 동작형태이다. 발끝으로 걷는 동작형태는 우주 공간에서 중력이 없는 것을 표현하고 있다. 우주공간에서 동작은 중력과 관계되어 표현하는 가운데 어린이들은 우주공간에 대하여 이해하게 된다.

제7차 2-2 '우주탐험'			

〈그림 46〉 외계인 흉내내기의 동작형태

외계인 흉내내기의 동작형태는 제7차 교육과정에서 제시되었다. 이 교육과정에서는 상상 외계인 흉내내기를 하고 있다. 이를 통하여 미래세계에 대한 꿈을 키우고 있다. 그리고 동작형태는 달리기, 놀라는 모습, 기어가는 모습, 이야기 듣는 모습이 제시되었다.

이와 같이 우주 흉내내기에 대한 동작형태를 분석한 결과 다음과 같은 특징이 있음을 알 수 있다.

첫째, 우주에 타고 갈 물체에 대한 동작형태는 주로 그 물체의 형태를 표현하고 있다.

둘째, 중력이 없는 우주공간에서 무중력 상태의 움직임을 인식하여 표현하고 있다.

셋째, 상상한 외계 생물체를 표현하도록 하고 있다.

우주에 대한 동작표현의 형태는 주로 기존에 보아 왔던 것을 표현하고 있다. 따라서 다양한 동작교육이 제시되기 위해서는 새로운 형태의 타고 갈 물체들이 제시될 필요가 있다.

4) 사회관계를 위한 동작교육

사회관계를 위한 동작교육은 친구 따라 동작하기를 통해서 이루어지고 있다. 어린이들은 친구의 동작에 흥미와 관심을 가지며, 친구의 동작을 따라 하는 것을 즐거워한다. 친구와 손뼉치고 노래하며 손에 손을 잡고 리듬 맞춰 친구 따라 하기 동작을 하면서 친구의 좋은 점과 사귀고 싶은 점, 자랑하고 싶은 점 등을 알게 된다. 이를 통하여 어린이들은 친구와 사이좋게 지낼 수 있는 기회를 가지게 되어 즐거운 학교생활을 할 수 있다. 이 시기는 유아기 때 자기중심적 사고와 행동이 점차 타인을 위한 배려와 관심으로 옮겨지는 때이다. 따라서 친구 따라 하기 동작을 통하여 자신이 속해 있는 사회 구성원을 이해할 수 있는 기회를 가지게 된다.

'친구 따라 동작하기' 단원명은 똑같아요, 사이좋게 이다. 이들 단원은 다음과 같은 특징이 있다. 첫째, 똑같아요는 어린이는 생활주변에서 대칭과 대조에 대한 이해를 동작의 대칭과 비대칭을 통해서 이해시키고 있다. 이를 통하여 사물의 다양성을 이해시키고 있다. 둘째, 사이좋게는 친구와 손뼉치고 노래하고 손에 손을 잡고 리듬에 따라 신체표현을 하면서 새 친구들과 사이좋게 지내도록 하는 것과 연관되어 제시되었다. 이와 같이 '친구 따라 동작하기' 단원은 사물과 동작 대칭과 동일함에 대한 관계를 이해하기와 새 친구들과 사이좋게 지내기기 위해서 제시된 단원임을 알 수 있다.

'친구 따라 하기 동작' 단원의 학습방법은 다음과 같다.

첫째로, 신체로 표현할 수 있는 동작에 대한 이야기하기와 자신의 생각과 느낌을 신체로 표현하기 등이 제시되고 있다. 둘째로, 친구 동작을 움직임으로 표현하고 있다. 한 사람의 즉흥 표현 따라 하기와 짝과 마주 보고 똑같이 움직이기, 반대 방향으로 움직이기, 가운데 있는 사람동작 따라 하기, 앞에 있는 사람과 반대 방향으로 움직이기 등이 그렇다. 셋째로, 교사의 몸짓 따라 하기이다. 넷째로, 평가하기이다.

다음은 '친구 따라 하기' 동작형태이다.

'친구동작 따라 하기'는 동작형태는 크게 짝과 동일한 동작하기와 짝과 반대되는 동작하기기로 구분된다.

제6차 2-1 '사이좋게'	
동작 1	동작 2

제7차 1-2 '똑같아요'

〈그림 47〉 짝과 동일한 동작형태

짝과 동일한 동작하기 동작형태는 제6차, 제7차 교육과정에서 제시되었다. 제6차 교육과정에서 동작 1)은 짝과 마주 보고 선 다음 양 손을 자신의 귀에 갖다 대기 동작이다. 동작 2)는 짝과 마주 보고 선 다음 서로 엇갈려 팔 들기와 다리 들기이다. 이 동작은 서로 같을 팔과 발을 들면서 비대칭동작을 이해시키고 있다. 제7차 교육과정에서는 짝과 마주 보고 앉아서 양 팔 위로 들기 동작이다. 짝과 동일한 동작하기 동작형태는 어린들에게 동작의 대칭과 비대칭을 이해시키고 있다.

제6차 1-1 '똑같아요'	
동작 1	동작 2

<table>
<tr><th colspan="2">제6차 '2-1 '사이좋게'</th></tr>
<tr><td>동작 1</td><td>동작 2</td></tr>
<tr><td></td><td></td></tr>
</table>

<table>
<tr><th colspan="6">제7차 1-2 '똑같아요'</th></tr>
<tr><td colspan="2">동작 1</td><td colspan="2">동작 2</td><td colspan="2">동작 3</td></tr>
<tr><td colspan="2"></td><td colspan="2"></td><td colspan="2">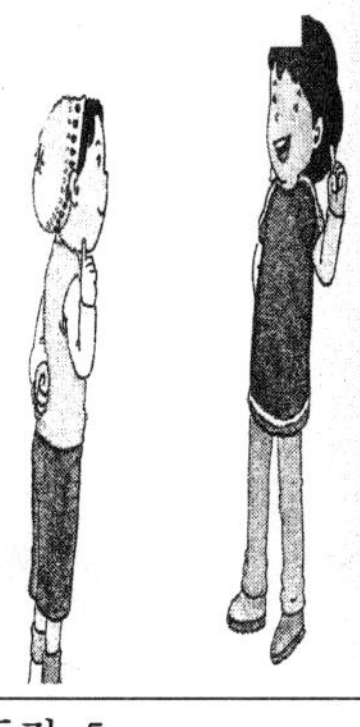</td></tr>
<tr><td colspan="3">동작 4</td><td colspan="3">동작 5</td></tr>
<tr><td colspan="3"></td><td colspan="3"></td></tr>
</table>

〈그림 48〉 짝과 반대되는 동작형태

짝과 반대되는 동작형태는 제6차, 제7차 교육과정에서 제시되었다. 제5차 교육과정에서 동작 1)은 짝과 나란히 선 자세에서 서로 다른 발을 무릎 들기이다. 동작 2)는 짝과 마주 보고 서서 서로 다른 팔을 들기이다. 제6차 교육과정에서 동작 1)은 짝과 나란히 정면을 걸을 때 발을 서로 엇갈리며 걷기이다. 동작 2)는 짝과 나란히 정면을 보고 선 다음 무릎을 굽히고 한 양 손을 엇갈려 입에 갖다 놓는다. 제7차 교육과정에서 동작 1)은 짝과 마주 선 다음 짝과 서로 반대 팔과 다리 들기이다. 동작 2)는 짝과 비껴 선 다음 짝과 반대되는 발 들기이다. 동작 3)은 짝과 마주 선 다음 짝과 서로 다른 팔 꺾어 들기이다. 동작 4), 동작 5)는 한 사람은 서고 다른 한 사람 등을 굽혀 앉은 자세를 취하여 서로 다른 높낮이 표현하기이다. 짝과 반대되는 동작형태는 어린이들에게 동작의 대칭과 비대칭을 이해시키고 있다.

제5차 1-2 '똑같아요'

제6차 1-1 '똑같아요'

제7차 1-2 '똑같아요'	
동작 1	동작 2

〈그림 49〉 원주상에서 친구 따라 동작하기의 동작형태

원주상에서 친구 따라 동작하기의 동작형태는 제5차, 제6차, 제7차 교육과정에 제시되었다.

제5차 교육과정에서는 원 안을 보고 같은 손과 같은 발을 내밀고 짝을 가리킨

다. 제6차 교육과정은 원주상에서 녹음기 소리를 들으면서 같은 손 같은 발로 걷기이다. 제7차 교육과정에서 동작 1)은 원주상에서 같은 팔과 같은 다리 들기이다. 동작 2)는 원주상에서 서로 높낮이 달리기하기와 다른 위치에서 자신의 가슴 앞에 양 팔 들기이다.

이와 같이 '친구동작 따라 하기' 동작형태를 분석한 결과 다음과 같은 특징이 있음을 알 수 있다.

첫째, 짝과 동일한 동작하기와 반대되는 동작을 통하여 동작의 대칭과 비대칭을 이해할 수 있다. 둘째, 친구의 움직임을 똑같게 또는 다르게 표현해 봄으로써 신체 부위에 따른 다양한 표현방법을 익히게 하고 있다. 셋째, 짝과 함께 표현하면서 짝과 친해질 수 있는 기회를 가진다.

2. 노래와 음(音)에 대한 동작교육 내용

노래와 음(音)에 대한 동작교육은 노래에 의한 동작교육(여름 냇가, 똑같아요, 뻐꾸기, 가을 소풍)과 음(音)에 대한 동작교육(소리의 크고 작음, 음의 높고 낮음, 음의 가볍고 무거움 그리고 리듬꼴)에 의해서 이루어진다. 어린이들은 노래에 의한 동작형태는 노래가사가 제시하고 있는 뜻을 정확히 파악해 표현하는 능력을 기르게 된다. 그리고 음(音)에 대한 동작형태를 통해 박자감을 인식하고 음에 대한 풍부한 지식을 갖게 된다.

1) 노래에 의한 동작교육

노래에 대한 동작교육의 단원명은 여름 냇가, 똑같아요, 뻐꾸기, 가을 소풍, 뻐꾹뻐꾹, 우리나라꽃이다. 이들 단원의 특징은 첫째, 여름 냇가, 뻐꾸기, 뻐꾹뻐꾹은 여름계절과 연관되어 제시되었다. 둘째, 가을 소풍은 가을계절과 연관되어 제시되었다. 셋째, 우리나라꽃은 애국심을 길러 주기 위하여 제시되었다. 노래에 의한 동작교육은 봄과 가을 계절, 그리고 애국심과 관련되어 제시되었음을 알 수 있다.

'노래에 대한 동작교육' 단원의 학습방법이다.

첫째, 즐겁게 춤추어 보았던 경험 이야기하기이다. 여기서는 가장 재미있는 부분만 노래 부르며 발표하기, 각자 가사에 맞게 만든 춤 발표하기, 춤추는 모습을 감상하고 잘된 점 찾아서 이야기하기이다. 둘째, 가사에 맞춰 춤추기다. 셋째, 율동적으로 춤 만들기이다. 여기서는 발표한 동작 중 재미있고 율동적 동작 뽑아서 연결하기, 생각이나 느낌 표현하기, 노래를 천천히 부르며 정해진 동작을 하다가 익숙해지면 박자에 맞춰하기, 교사의 동작 따라 하기, 넷째, 노래 부르며 다 함께 춤추기이다.

이와 같이 노래에 대한 동작교육 학습방법은 가사에 맞춰 제시된 동작하기와 각자 가사에 맞게 춤 동작 만들기를 통하여 노래 부르며 다함께 춤추기이다.

다음은 '노래에 대한 동작형태'이다.

노래에 대한 동작형태는 여름 냇가, 똑같아요, 뻐꾸기, 가을 소풍, 뻐꾹뻐꾹 노래에 제시된 동작이다.

제5차 1- 1 '여름 냇가'		
동작 1	동작 2	동작 3

시냇물은 졸졸졸-졸	고기들은 왔다 갔다	버들가지 한들한들 꾀꼬리는 꾀꼴꾀꼴

〈그림 50〉 여름 냇가 춤추기의 동작형태

여름 냇가 춤추기의 동작형태는 제5차 교육과정에서 제시되었다. 동작 1)은 원 안을 보고 다함께 손잡고 시냇물 흐르듯이 걷는다. 원주상을 돌 때는 시선은 돌아가는 쪽으로 한다. 동작 2)는 원 안을 보고 다 함께 손잡고 걷다가 고기들이 뛰듯이 다 같이 사뿐사뿐 뛴다. 원주상을 돌 때는 시선은 돌아가는 쪽으로 한다. 동작 3)은 원 안으로 들어갈 때는 노래가사 버들가지 한들한들하고, 나올 때는 꾀꼬리는 꾀꼴꾀꼴한다. 원주상을 손잡고 들어갈 때는 다함께 손을 모아 들면서 시선은 팔과 함께 천천히 위로 하였다가 내려올 때는 시선이 팔과 함께 천천히 내린다.

(1) 똑같아요 춤추기

똑같아요 춤추기 동작형태는 제5차와 제6차 교육과정에 제시되었다. 제5차에서는 두 사람이 짝이 되어 똑같아요 노래가사를 동작으로 표현하고 있으며, 제6차에서는 1인 혼자 똑같아요 노래 가사를 동작으로 표현하고 있다. 똑같아요 동작형태는 교육과정의 변천에서 다음과 같이 제시되었다.

제5차 1-2 ‘똑같아요’	제6차 1-1 ‘똑같아요’

〈그림 51〉 가사 - 무엇이

똑같아요 노래가사 '무엇이'는 제5차에서는 짝과 마주 보고 각자의 무릎을 살짝 굽히고 각자의 무릎을 치고 있으며, 제6차에서는 다리를 붙이고 정면을 보고 선 상태에서 양 팔을 사선 위로 뻗어 만세 동작을 취하고 있다.

제5차 1-2 '똑같아요'	제6차 1-1 '똑같아요'

〈그림 52〉 가사 - 무엇이

똑같아요 노래가사 '무엇이'는 제5차에서는 짝과 마주 보고 선 다음 양 팔 엇갈려서 자신의 몸을 감싸면서 살짝 무릎을 굽히고 있으며, 제6차에서는 첫 번째 무엇이 동작 상태에서 그대로 무릎을 굽혀 굴신하면서 자연스럽게 양 팔을 중간 정도 위치까지 내린다.

제5차 1-2 '똑같아요'	제6차 1-1 '똑같아요'
	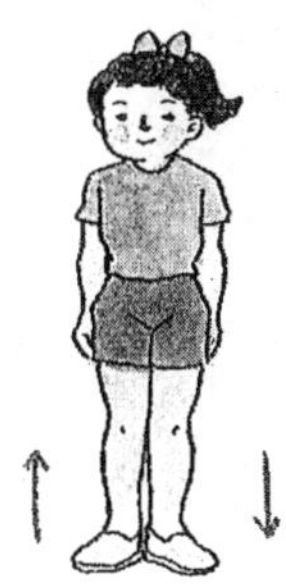

〈그림 53〉 가사 - 똑같은

똑같아요 노래가사 '똑같아요'는 제5차에서는 짝과 마주 보고 차렷 자세로 서서 각자 자신의 가슴 위치에서 기도하듯이 양 손바닥을 모은다. 그리고 제6차에서는 차렷 자세로 똑바른 형태를 취하는 것으로 보아, 신체 대칭에서 팔과 다리가 같음을 표현하고 있는 것으로 본다.

제5차 1-2 '똑같아요'	제6차 1-1 '똑같아요'

〈그림 54〉 가사 - 가

똑같아요 노래가사 '가'는 제5차에서는 가위 바위 보할 때 가를 내를 시늉하고 있으며, 제6차에서는 양 팔로 머리를 둥글게 감싸 안은 것은 물음표 형태를 취하여 의문의 뜻을 표현하고 있다.

제5차 1-2 '똑같아요'	제6차 1-1 '똑같아요'

〈그림 55〉 가사 - 젓가락

똑같아요 노랫말 가사 ‘젓가락’은 제5차에서는 짝과 마주 보고 차렷 자세로 서서 각자의 가슴 앞에서 양 손의 손가락을 한 개씩 들어 젓가락을 표현하고 있다. 제6차에서는 혼자 자신의 겨드랑이 붙인 상태에서 팔꿈치부터 손끝까지 바르게 들어 젓가락을 표현하고 있다.

제5차 1-2 ‘똑같아요’	제6차 1-1 ‘똑같아요’

〈그림 56〉 가사 - 두 짝

똑같아요 노래가사‘ 두 짝이’는 제5차에서는 짝과 마주 보고 차렷 자세로 서서 한 손은 각자의 허리에 두고 나머지 한 손으로 짝의 손바닥에 갖다 댄다. 그리고 제6차에서는 자신의 양 팔로 머리를 둥글게 감싸고 나서 머리 중앙에서 손바닥을 맞대어 양 손끝이 하늘을 향하도록 한다.

제5차 1-2 ‘똑같아요’	제6차 1-1 ‘똑같아요’

〈그림 57〉 가사 - 똑같아요

똑같아요 노래가사 '똑같아요'는 제5차에서는 짝과 양 손을 잡고 원을 그리며 돌고 있다. 제6차에서는 무릎을 굽히고 양 팔을 자신의 몸 뒤로 보내어 팔의 길이를 똑같이 한다. 다른 한 사람은 글자 '요'자를 상징하고 있다.

(2) 뻐꾸기 춤추기의 동작형태

뻐꾸기 춤추기 동작형태는 제5차, 제6차, 제7차 교육과정에 제시되었다. 제5차와 제6차 교육과정의 뻐꾸기 노래가사 동작은 가사에 따른 사실적 표현에 중점을 두고 있는 반면 제7차 뻐꾹뻐꾹은 왈츠춤 형식에 맞추어 동작으로 표현하고 있는 것이 특징이다.

뻐꾸기 동작형태는 교육과정의 변천에서 다음과 같이 제시되었다.

제5차 2-1 '뻐꾸기'	제6차 2-1 '뻐꾸기'	제7차 2-1 '뻐꾹뻐꾹'

〈그림 58〉 가사 - 뻐꾹뻐꾹

뻐꾸기 노래가사 '뻐꾹뻐국'은 제5차와 제6차에서는 뻐꾸기 새의 형태를 취하여 표현하고 있는데 양 팔을 차렷 자세로 자신의 몸에 붙인 상태에서 양 손목을 꺾어 든 것은 뻐꾸기 새 날개를 접고 형태를 취한 것이다. 그리고 제7차에서는 짝과 손잡고 왈츠춤을 추고 있다.

제5차 2-1 '뻐꾸기'	제6차 2-1 '뻐꾸기'

〈그림 59〉 가사 - 봄이 가네

똑같아요 노래가사 '봄이 가네' 동작은 제5차에서는 봄을 상징하는 꽃을 표현하고 있는데 양 팔의 팔꿈치를 적당히 꺾어 들고 양 손바닥 오목하게 벌려 꽃의 형태를 취하고 있다. 제6차에서는 '가네' 가사에 따라서 한 손 들어 인사하는 동작을 표현하고 있다.

제5차 2-1 '뻐꾸기'	제6차 2-1 '뻐꾸기'

〈그림 60〉 가사 - 뻐꾸기 소리

똑같아요 노래가사 '뻐꾸기 소리' 동작은 제5차에서는 한 손은 자신의 가슴 앞에서 손목을 꺾어 들어 뻐꾸기 주둥이의 형태를 취하고 있으며, 제6차에서는 양 손을 모아 입에 갖다 대거나, 또는 한 손은 입에 갖다 대고 다른 한 손은 허리 뒤쪽에 갖다 대어서 뻐꾸기 주둥이와 꼬리를 표현하고 있다.

제5차 2-1 '뻐꾸기'	제6차 2-1 '뻐꾸기'	제7차 2-1 '뻐꾹뻐꾹'

〈그림 61〉 가사 - 잘 가란 인사

똑같아요 노래가사 '잘 가란 인사' 동작은 제5차에서는 짝과 한 손을 잡고 악수하는 동작을 취하고 있으며, 제6차에서는 한 손 위로 들어 손짓하거나 허리를 굽혀 인사하고 있다. 그리고 제7차에서는 짝과 서로 엉덩이를 부딪치면서 한 손들어 인사하는 시늉을 하고 있다. 여기서는 악수하기, 손짓하기, 허리를 굽혀 인사하기, 엉덩이 부딪치면 한 손 들어 손짓하기 등 다양한 인사법을 표현하고 있다.

제5차 2-1 '뻐꾸기'	제6차 2-1 '뻐꾸기'	제7차 2-1 '뻐꾹뻐꾹'

〈그림 62〉 가사 - 복사꽃이

똑같아요 노래가사 '복사꽃이' 동작은 제5차에서는 각자의 가슴 앞에서 양 손목을 붙이고 손바닥을 벌려 꽃의 형태를 취하고 있으며, 제6차에서는 양 팔을 위로 편하게 들어 손바닥은 하늘을 보게 하면서 손끝을 살짝 오므려 핀 꽃의 형태를 취하거나, 또는 양 팔이 자신의 얼굴을 감싸듯이 하여 손끝이 하늘로 향하게 하여 손바닥을 오목형태를 취하여 꽃봉오리 형태를 취하고 있다. 끝으로 제7차에서는 짝과 팔짱을 끼고 원을 그리며 돌기이다.

제5차2-1 '뻐꾸기'	제6차2-1 '뻐꾸기'

〈그림 63〉 가사 - 떨어지네

똑같아요 노래가사 '떨어지네' 동작은 제5차에서는 짝과 서서 각자의 한 손은 사선 위로 뻗고 다른 한 팔은 사선 밑으로 내려서 짝과 손잡고 돈다. 제6차에서는 3인은 팔을 높낮이를 달리하여 무엇인가 위에서 아래로 떨어지는 듯한 느낌을 주고 있다.

(3) 가을 소풍 춤추기의 동작형태

가을 소풍 춤추기의 동작형태는 제5차와 제6차 교육과정에 제시되었다. 제5차와 제6차 교육과정에 제시된 가을 소풍 가사에 따른 동작표현은 거의 유사하게 제시되어 큰 변화는 없다. 가을 소풍 동작형태는 교육과정의 변천에서 다음과 같이 제시되었다.

제5차 2-2 '가을 소풍'	제6차 2-2 '가을 소풍'

〈그림 64〉 가사 - 산들산들

가을 소풍 노래가사 '산들산들' 동작은 제5차와 제6차 모두 짝과 함께 양팔을 위로 들어 오른쪽 왼쪽으로 살짝살짝 흔들면서 가볍고 시원한 바람이 부는 듯한 느낌을 주고 있다.

제5차 2-2 '가을 소풍'	제6차 2-2 '가을 소풍'

〈그림 65〉 가사 - 바람 따라

가을 소풍 노래가사 '바람 따라' 동작은 제5차에서는 짝과 등을 지고 서서 양 팔을 자신의 몸 앞에 들어올리고 손목을 부드럽게 까닥까닥한다. 그리고 제6차에서는 짝과 등을 지고 서서 자신의 가슴 앞에서 손뼉을 친다.

제5차 2-2 '가을 소풍'	제6차 2-2 '가을 소풍'

〈그림 66〉 가사 - 산으로 가

가을 소풍 노래가사 '산으로 가' 동작은 제5차와 제6차 모두 원주상에서 손을 잡고 돌고 있다.

제5차 2-2 '가을 소풍'	제6차 2-2 '가을 소풍'

〈그림 67〉 가사 - 단풍잎이

가을 소풍 노래가사 '단풍잎이' 동작은 제5차 교육과정에서 정면을 보고 반듯이 선 다음 양 팔을 사선 위로 든 채 고개를 뒤로 젖혀 하늘을 본다. 제6차 교육과정에서는 차렷 자세로 서서 양 팔을 사선 위로 들고 정면을 본다.

제5차 2-2 '가을 소풍'	제6차 2-2 '가을 소풍'

〈그림 68〉 가사 - 반겨 주는

가을 소풍 노래가사 '반겨 주는' 동작은 제5차 교육과정에서는 차렷 자세에서 양 팔꿈치를 꺾어 자신의 가슴을 포근하게 감싸듯하면서 고개를 살짝 옆으로 갸웃거린다. 제6차에서는 다리를 적당히 벌린 상태에서 양 팔을 허리에 대고 고개를 좌우로 흔든다.

제5차 2-2 '가을 소풍'	제6차 2-2 '가을 소풍'

〈그림 69〉 가사 - 산으로 가자

가을 소풍 노래가사 '산으로 가자' 동작은 제5차와 제6차 교육과정에서는 원주상에서 손잡고 돌고 있다.

제5차 2-2 '가을 소풍'	제6차 2-2 '가을 소풍'

〈그림 70〉 가사 - 야호 야호 노래하며

가을 소풍 노래가사 '야호야호 노래하며' 동작은 제5차에서는 두 사람이 서로 마주 보고 서서 양 팔을 사선 위로 들어 짝의 손끝과 맞닿게 하여 산을 상징하고 있다. 이것은 산에서 메아리치는 야호소리를 상징하기 위하여 산을 상징하는 동작을 취하고 있다. 제6차에서는 짝과 등을 맞대고 서서 나팔 부는 모습을 취하고 있다.

제5차 2-2 '가을 소풍'	제6차 2-2 '가을 소풍'

〈그림 71〉 가사 - 산으로 가자

가을 소풍 노래가사 '산으로 가자' 동작은 제5차와 제6차 교육과정 모두 두 사람이 서로 마주 보고 서서 양 팔을 사선 위로 들어 짝의 손끝과 맞닿게 하여 산을 상징하고 있다. 그리고 나머지 사람은 산의 형태를 취하고 있는 두 사람 사이를 지나감으로써 산에 오르는 모습 표현하고 있다.

위와 같이 노래가사에 따른 동작교육은 구조화된 동작교육이다. 이것은 노래가사에 따라서 동작을 제시하여 주고 동작을 하도록 하는 것이다. 어린이들은 노래가사에 따른 동작교육을 통하여 언어와 글자의 의미를 파악할 수 있다. 그리고 노래가사를 응용하여 자신이 느낀 것을 동작으로 표현해 볼 수 있다.

2) 음(音)에 대한 동작교육

'음(音)에 대한 동작교육'의 단원명은 어린음악대, 여러 가지 소리, 씩씩한 어린이, 장단에 맞추어, 파란 하늘 아래서이다. 이들 단원은 다음과 같은 특징이 있다.

첫째, 어린음악대는 리듬에 맞추어 동작하기, 리듬꼴 형태로 동작하기, 소리의 크기, 빠르기에 따라 동작하기, 다양한 악기소리에 따라서 동작하기와 연관되어 제시되었다.

둘째, 여러 가지 소리는 리듬꼴에 따라 동작하기, 다양한 소리에 따라 동작하기와 연관되어 제시되었다.

셋째, 씩씩한 어린이는 음의 소리 셈여림 변화에 동작하기와 연관되어 제시되었다.

넷째, 장단에 맞추어는 4박자 장단에 맞추어 동작하기와 연관되어 제시되었다.

다섯째, 파란하늘 아래서는 운동회 제재곡에 따라 동작하기와 연관되어 제시되었다.

이와 같이 음(音)에 대한 동작교육 단원은 음 소리, 음 셈여림, 음의 빠르기,

리듬꼴, 운동회 제재곡, 4박자 장단과 관련되어 제시되었음을 알 수 있다.

'음에 대한 동작교육' 단원의 학습방법은 다음과 같다.

첫째, 다양한 소리 구별하기이다. 여기서는 다양한 소리 특징 알아보기와 반응하기, 음악에 반응하기이다. 둘째, 다양한 소리에 움직이기이다. 여러 가지 방법으로 움직이기, 리듬꼴에 움직이기, 악기소리에 움직이기, 탈춤형식에 신체 각 부위 움직이기, 리듬감 있게 움직이기이다. 셋째, 장단에 맞추어 춤추기이다. 4박자 장단에 맞추어 춤추기, 운동회 제재곡에 맞추어 춤추기이다.

다음은 '음에 대한 동작형태'이다.

음에 대한 동작형태는 리듬에 맞춰 원주상 걷기, 짝과 리듬에 맞춰 동작하기, 리듬꼴에 맞춰 동작하기, 악기의 소리에 동작하기, 리듬맞춰 신체 각 부위 동작하기, 4박자 장단에 맞춰 동작하기, 운동회 제재곡에 맞춰 동작하기이다.

제4차 1-2 '어린음악대'

〈그림 72〉 리듬에 맞춰 원주상 걷기

리듬에 맞춰 원주상 걷기는 제4차 교육과정에서 제시되었다. 이 교육과정에서는 12명이 원 안을 보고 선 다음은 서로의 손을 잡고 리듬에 맞춰 걷기와 뛰기동작을 한다. 이 동작은 어린들에게 박자의 느림과 빠름을 이해시키고 있다.

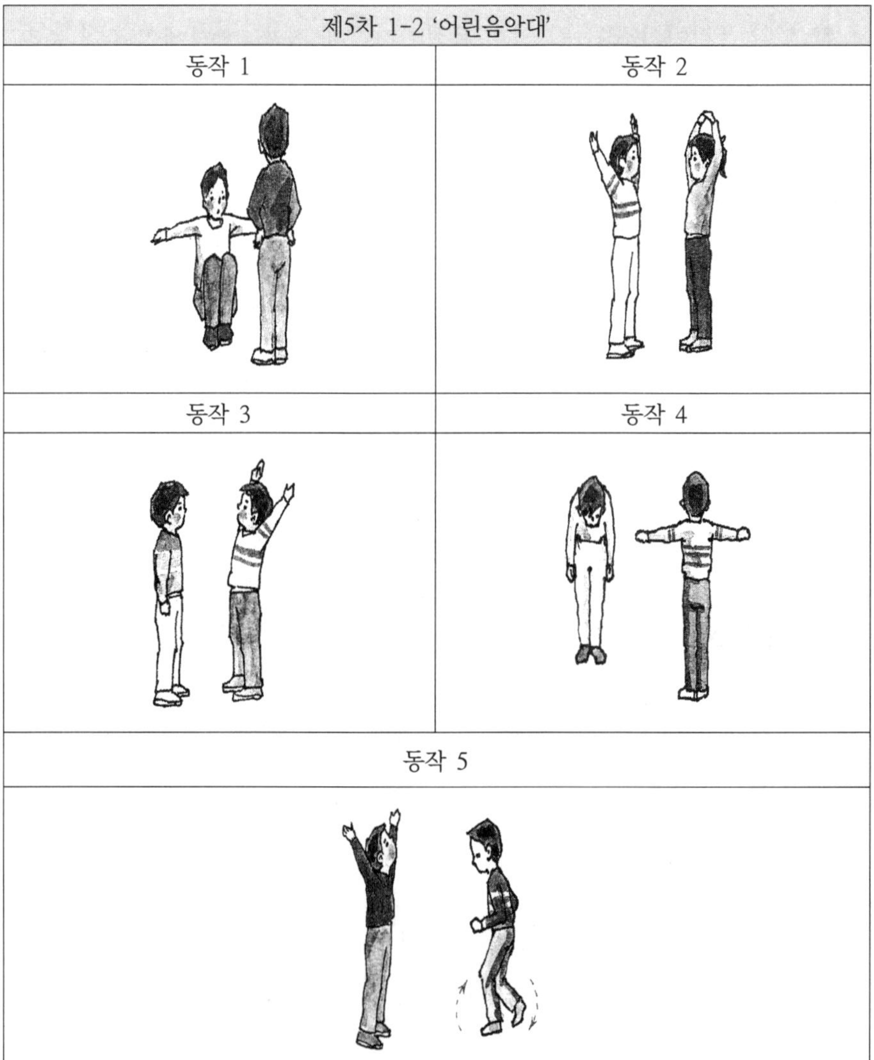

〈그림 73〉 짝과 리듬에 맞춰 동작하기

짝과 리듬에 맞춰 동작하기는 제5차 교육과정에서 제시되었다. 이 교육과정에서 동작 1)은 짝과 마주 보고서 한 사람은 손을 허리에 대고 서 있기를 하고 다른 한 사람은 양 팔을 옆으로 벌리고 앉는다. 동작 2)는 짝과 마주 보고서 한 사람은 양 팔을 사선 위로 들기를 하고 다른 한 사람은 양 팔을 머리 위로 들어 둥글게 만든다. 동작 3)은 짝과 마주 보고서 한 사람은 차렷 자세로 서 있기를 하고 다른 한 사람은 양 팔을 사선 위로 들리기를 한다. 동작 4)는 짝과 마주 보고서 한 사람은 차렷 자세에서 허리를 굽히고 다른 한 사람은 양 팔을 옆으로 벌리기를 한다. 동작 5)는 짝과 마주 보고서 한 사람은 양 팔을 사선 위로 들고 다른 한 사람은 제자리에서 돌기이다. 이들 동작형태는 어린이들에게 동일한 리듬에서 다양한 동작을 할 수 있다는 것을 이해시키고 있다.

제5차 1-2 '어린음악대'	
동작 1	동작 2
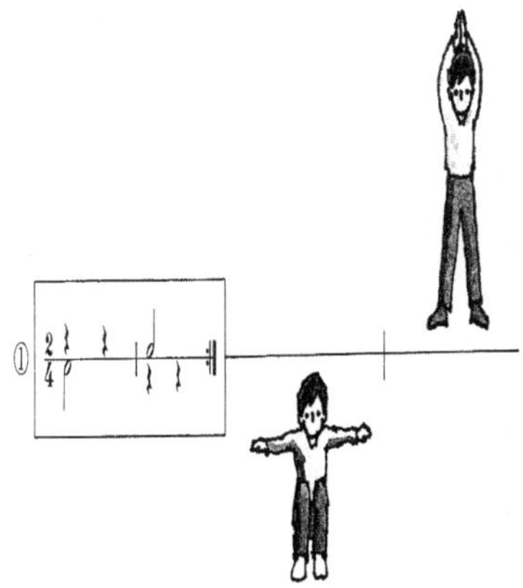	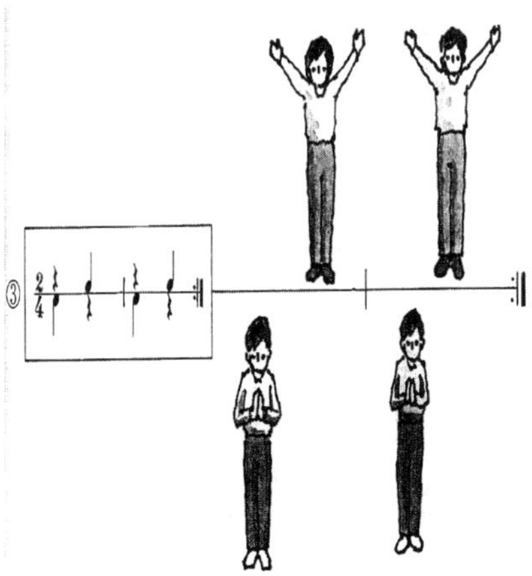

동작 3	동작 4
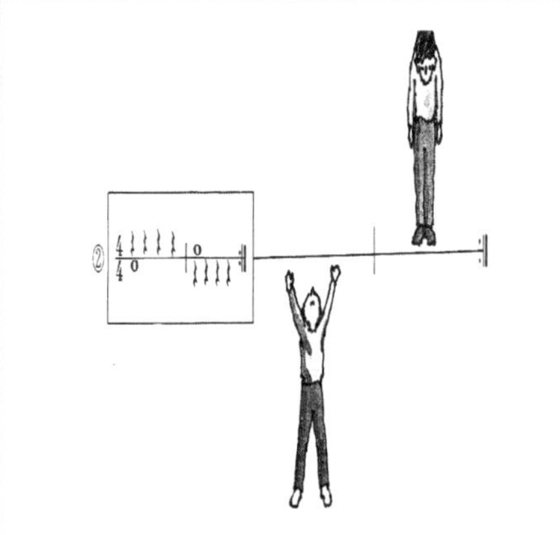	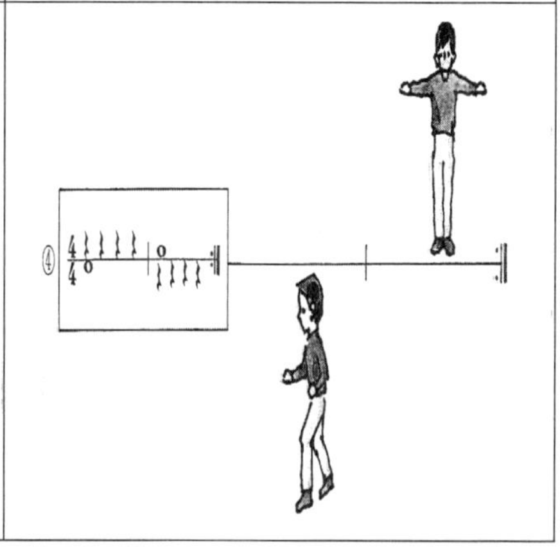

제6차 2-1	
동작 1	동작 2
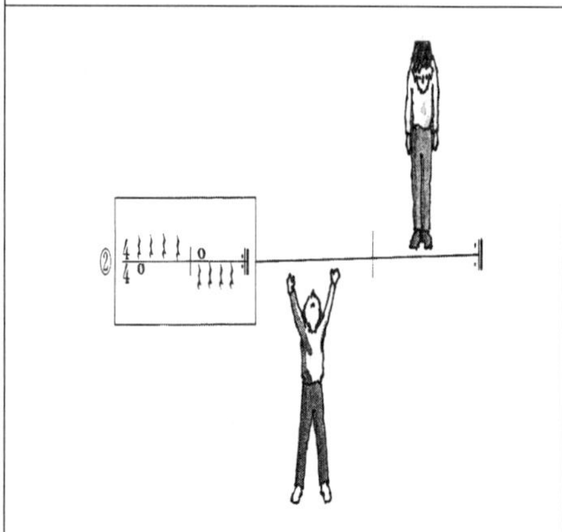	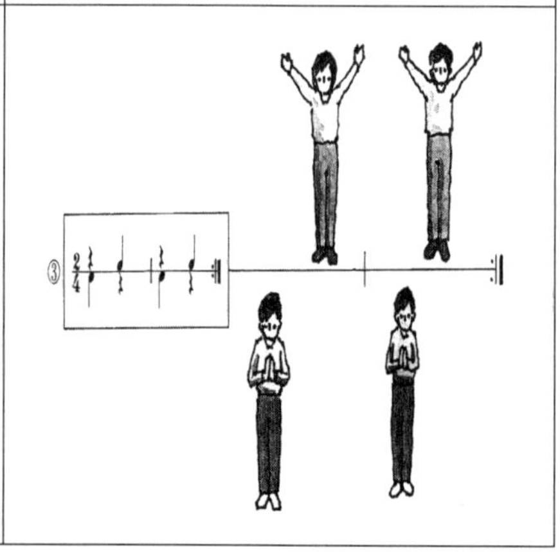

〈그림 74〉 리듬꼴에 대한 동작하기

리듬꼴에 대한 동작하기는 제5차 교육과정과 제6차 교육과정에서 2학기에 제시되었다. 제5차 교육과정에서 동작 1)은 4/2 박자에서 높은 음의 동작은 양 다리를 어깨 너비로 벌리고 양 팔을 머리 위에서 둥글게 만들고 낮은 음의 동작은 양 무릎을 굽히고 앉은 상태에서 양 팔을 옆으로 벌린다. 동작 2)는

4/3 박자에서 높은 음의 동작은 차렷 자세에서 양 팔을 사선 위로 들기를 하고 낮은 음은 차렷 자세에서 합장자세를 한다. 동작 3)은 4/4 박자에서 높은 음의 동작은 차렷 자세에서 허리를 굽히고 낮은 음의 동작은 양 다리를 어깨 너비로 벌리고 고개를 뒤로 젖히면서 양 팔을 사선으로 든다. 동작 4)는 4/4 박자에서 높은 음의 동작은 차렷 자세에서 양 팔을 옆으로 벌리기를 하고 낮은 음의 동작은 제자리에서 원을 그리며 돌기이다. 이들 동작은 어린이들에게 리듬의 빠르고 높음, 무겁고 가벼움에 대한 느낌을 표현하면서 리듬감을 이해시키고 있다.

제6차 2-1 '여러 가지 소리'	
동작 1	동작 2

제7차 1-2 '어린음악대'	
동작 1	동작 2

동작 3	동작 4

〈그림 75〉 악기의 소리에 대하여 동작하기

악기소리에 대하여 동작하기는 제6차, 제7차 교육과정에서 제시되었다. 이들 교육과정에서 악기는 꽹과리, 북, 템버린, 소고가 이용되었고 동작형태는 악기소리의 크고 작음에 따라 표현되었다. 꽹과리 소리의 동작형태는 뒤꿈치를 살짝살짝 걷기, 앉아서 쪼그리고 걷기, 뒷짐을 지고 걷기, 기어가기, 달려가기를 하고 있다. 그리고 북소리 동작형태는 양 팔을 들고 한 발로 공중뛰기, 두 발로 공중뛰기, 만세 동작하기이다. 이처럼 북소리의 동작은 크고 힘이 있다. 반면 꽹과리 소리의 동작은 작고 섬세하게 표현되고 있다. 이 밖에 템버린과 소고 소리의 동작형태는 기구를 들고 하고 있다.

제7차 1-1 '씩씩한 어린이'			
동작 1	동작 2	동작 3	동작 4

<table>
<tr><th>동작 5</th></tr>
<tr><td></td></tr>
</table>

〈그림 76〉 리듬에 맞춰 신체각 부위 동작하기

리듬에 맞춰 신체 각 부위 동작하기는 제7차 교육과정에서 제시되었다. 이 교육과정에서는 리듬에 맞춰 손- 팔- 고개- 신체 각 부위 함께 움직이기이다. 동작 1)은 리듬에 맞추어 비껴 차렷 자세로 선 다음 양 팔을 한쪽 옆으로 나란히 뻗어서 손목 흔들기이다. 동작 2)는 리듬에 맞추어 비껴 차렷 자세로 서서 양 팔을 위 아래로 흔들면서 무릎을 굴신한다. 동작 3)은 리듬에 맞추어 정면 차렷 자세에서 양 손을 허리에 두고 고개를 좌우로 흔든다. 동작 4)는 리듬에 맞추어 걸으면서 들어올린 양 팔의 손목을 까닥까닥하면서 고개를 좌우로 흔든다. 동작 5)는 리듬에 맞추어 각 신체 부위를 동시에 움직인다. 이와 같이 어린이들은 각 신체 부위의 움직임을 통해서 신체 명칭을 알게 된다.

<table>
<tr><th colspan="2">제7차 1-1 '장단에 맞추어'</th></tr>
<tr><td>동작 1</td><td>동작 2</td></tr>
<tr><td>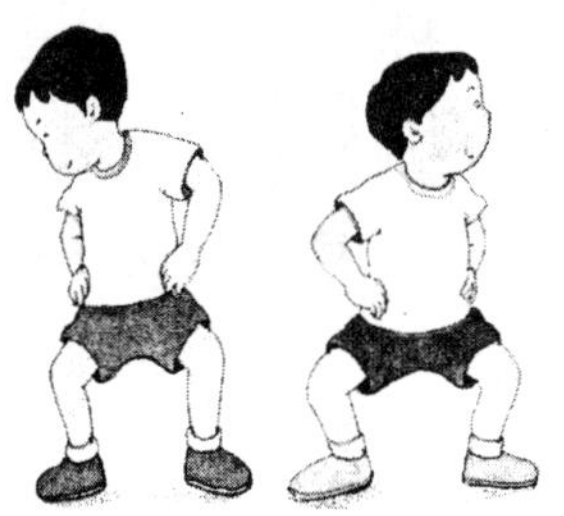</td><td></td></tr>
</table>

〈그림 77〉 4박자 장단에 맞추어 동작하기

4박자 장단에 맞추어 동작하기는 제7차 교육과정에 제시되었다. 이 교육과정에서는 4박자 장단에 맞추어 탈춤의 느낌으로 동작하기이다. 동작 1)은 왼쪽 오른쪽으로 고개짓하기이다. 동작 2)는 한 발 무릎을 굽혀 직각으로 들면서 한 손 접기이다. 동작 3)은 한 손은 허리에 두고 다른 한 손은 자신 몸 앞에서 또는 몸 옆으로 들고 몸 어르기이다. 동작 4)는 양 팔 옆으로 들고 걷기와 양 팔 옆으로 들고 무릎 세우고 앉아서 몸 어르기이다. 동작 5)는 한 손 접기를 하면서 다리를 번갈아 굴신한다. 동작 6)은 가슴 앞에서 양 팔을 접고 다리를 번갈아 굴신한다. 이와 같이 4박 장단에 맞추기 동작형태는 탈춤 형식을 통하여 각 신체 관절운동을 하고 있다.

제7차 1-2 '파란하늘 아래서'	
동작 1	동작 2

동작 3	동작 4

동작 5	동작 6

동작 7	동작 8

동작 9	동작 10
	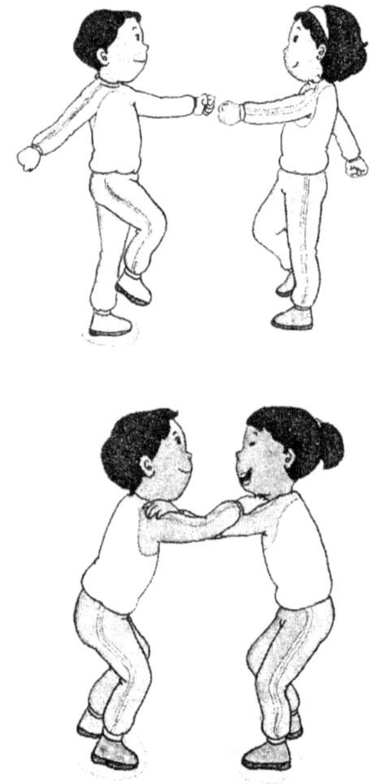

〈그림 78〉 운동회 제재곡에 맞추어 동작하기

운동회 제재곡에 맞추어 동작하기는 제7차 교육과정에서 제시되었다. 운동회 제재곡에 맞추어 동작하기는 동작형태가 직선과 직각을 이루고 있다. 이것은 운동회 때 일정한 규칙성에 의하여 동작하기를 제시한 것으로 볼 수 있다.

이와 같이 음(音)에 대한 동작형태를 분석한 결과 다음과 같은 특징이 있음을 알 수 있다.

첫째, 동작은 소리가 크거나, 높은 경우는 양 팔과 다리를 자신의 몸 중심으로부터 멀리 두면서 양 팔과 양 다리를 사용하여 신체의 크기를 최대한 크고 높게 표현하고 있다. 몸을 최대한 벌리거나, 제자리에서 공중으로 뛰기, 발폭을 크게 하여 걷기 등이 제시되었다. 둘째, 소리가 작거나, 낮은 경우는 양 팔과 다리를 자신의 몸 중심 가까이 가져오거나, 각 신체 부위를 밀착시키는 경우가 많다. 몸의 각 신체 부위를 밀착시키는 것은 소리의 작고, 낮음을 표현한 것이다. 셋째, 음에 대한 기본 개념을 인식시키고 있다.

3. 이야기에 의한 동작교육 내용

이야기에 의한 동작교육은 어린이들은 이야기를 들으면서 이야기 속의 장면이나, 감동적인 부분 그리고 이야기 속 등장인물의 성격을 파악하여 동작으로 표현하는 활동 속에서 풍부한 정서를 갖게 된다. 이야기는 이야기 속의 역할을 분담하여 발표하는 과정에서 주도적 학습이 되도록 하고 있다. 동작교육의 이야기 주제는 토끼와 거북이, 흥부와 놀부이다. 이들 이야기의 동작교육은 어린이들에게 경쟁심과 선(善)에 대한 내용을 통해서 서로 대립의 관계가 아닌 춤을 통하여 화해와 화합하는 마음을 갖도록 하고 있다.

1) 토끼와 거북이 이야기

'토끼와 거북이' 이야기가 제시된 단원명은 우리들 잔치, 우리들 자랑이다. 이들 단원의 특징은 1학년에서 배운 동작을 이야기를 통하여 학년 말에 재주를 발표하기이다.

'토끼와 거북이' 이야기의 단원에서 학습방법이다.

첫째, 이야기 꾸미기이다.

둘째, 배역 정하기이다. 여기서는 분단별로 배역정하기, 전체 인원을 반으로 나누어 토끼와 거북이 역할정하기이다.

셋째, 표현운동 꾸미기이다. 구상한 줄거리 내용에 따라서 다양한 동작 만들기, 서로 의논하여 표현동작 선택하기이다.

넷째, 춤 연습하기이다. 배운 노래에 맞춰 이야기를 엮어 가기, 완성된 춤을 반복연습하기, 토끼와 거북의 배역을 바꿔서 연습해 보기이다.

다섯째, 작품발표하기이다. 연습한 작품을 분단별로 발표하기와 바른 태도로 조용히 감상하기이다.

이와 같이 '토끼와 거북이' 이야기 단원의 학습방법은 배역 정하고 이야기 줄거리를 구성하여 춤 만들기와 춤 발표하기를 하고 있음을 알 수 있다.

다음은 '토끼와 거북이' 이야기 동작형태이다.

'토끼와 거북이' 동작형태는 거북이 승리한 모습, 거북이 기어가는 모습, 거북이 춤추는 모습, 토끼와 거북이가 춤추는 동작, 토끼가 달리는 모습, 토기들이 서로 손잡고 춤추는 모습, 토끼와 거북이가 서로 팔짱끼고 춤추는 모습 표현하기이다.

제4차 1-2 '우리들 잔치'	
동작 1	동작 2

제5차 1-2 ‘우리들 자랑’		
동작 1	동작 2	동작 3

동작 4	동작 5	동자 6

〈그림 79〉 토끼와 거북이의 동작형태

‘토끼와 거북이’의 동작형태는 제4차, 제5차 교육과정에서 제시되었다. 제4차 교육과정에서는 토끼와 거북이의 경쟁하는 모습을 제시하고 있으며, 제5차 교육과정에서는 토끼와 거북이의 경쟁을 다루기보다는 춤을 통하여 서로 합화하는 모습을 제시하였다. 춤의 동작은 서로 손잡고 춤추기, 짝과 팔짱끼고 춤추기이다. 이외에 한 줄로 서서 춤추기, 기기동작이 제시되었다.

2) 흥부와 놀부 이야기

‘흥부와 놀부’이야기 동작형태 단원명은 옛날 이야기, 옛날 옛적이다. 이들 단원의 특징은 1학년에서 배운 동작을 이야기를 통하여 학년 말에 재주를 발표하기이다.

'흥부와 놀부' 이야기 단원의 학습방법은 다음과 같다.

첫째, 이야기 들려주기이다. 이야기에 나오는 박, 제비, 흥부, 놀부에 대한 이야기 들려주기이다. 둘째 이야기를 듣고 표정과 동작 발표하기이다. 놀부의 화난 모습, 흥부가 놀부의 눈치 보는 모습, 제비 나는 모습, 박의 모양과 박 따는 동작표현하기이다. 셋째, 흥부와 놀부 역할놀이하기이다. 즐거운 마음으로 준비한 역할놀이를 하기, 자기가 맡은 역할을 크고 당당하게 친구들 앞에서 발표하기, 다 함께 적극적으로 협동하여 표현하기이다. 이와 같이 '흥부와 놀부' 이야기 단원 학습방법은 이야기를 듣고 역할놀이를 통하여 발표하기를 하고 있음을 알 수 있다.

다음은 '흥부와 놀부' 이야기 동작형태이다.

흥부와 놀부 이야기의 동작형태는 놀부의 화내는 모습, 놀부의 빗자루를 들고 쫓아가는 모습, 흥부가 도망가는 모습, 박 따는 모습이 제시되었다. 그 밖에 흥부와 놀부 함께 춤추기도 제시되었다.

제7차 1- 2 '옛날 이야기'		
동작 1	동작 2	동작 3

〈그림 80〉 등장인물 - 제비

제비동작은 제7차 교육과정에서 제시되었다. 동작 1)은 양 팔을 뒤로 하고 허리와 무릎을 살짝 굽혀 내려 앉는 동작을 한다. 동작 2)는 한 발로 선 상태에서 다른 한 발은 몸 뒤로 들고 한 팔은 직선 위로 다른 한 팔은 옆으로 든다. 동작 3)은 홉핑동작을 하면서 팔을 사선으로 만든다. 흥부와 놀부 이야기 속의 제비 동작은 새의 나는 모습을 동작으로 표현하고 있으며, 위로 점프하는 동작으로 통해서 신체 운동을 하고 있다.

제7차 1- 2 '옛날 이야기'	
동작 1	동작 2

동작 3	동작 4

〈그림 81〉 등장인물- 탈 쓴 놀부와 흥부

탈 쓴 놀부와 흥부는 제7차 교육과정에서 제시되었다. 이 교육과정에서는 동작 1), 동작 2)는 흥부와 놀부의 성격의 탈의 표정을 강조하고 있다. 그리고 동작 3), 동작 4)는 흥부와 놀부가 서로 손잡고 춤추기를 제시하였다. 이것은 어린이들에게 춤추기를 통하여 서로 화합하고 할 수 있는 마음을 가질 수 있도록 하여 제시된 것이다.

제6차 1-2 '옛날 이야기'		
동작 1	동작 2	동작 3

동작 4	동작 5	동작 6

제7차 1-2 '옛날 이야기'	
동작 1	동작 2

〈그림 82〉 박 따는 모습

박 따는 모습은 제6차, 제7차 교육과정에서 제시되었다. 제6차 교육과정에서는 동작 1)은 친구와 어깨동무를 하고 다정하게 박을 따러 가는 것이다. 동작 2)는 박을 따러 지붕으로 올라가기이다. 동작 3)은 한 사람의 지시에 따라서 다른 한 사람이 허리를 굽히고 양 팔로 힘겹게 박을 들기를 하고 있다. 동작 4), 동작 5)는 힘겹게 박을 드는 모습이다. 동작 6)은 박을 따고 나서 쉬는 모습을 표현하고 있다. 제7차 교육과정에서는 두 사람이 협동하여 박을 드는 모습이다. '흥부와 놀부' 이야기에서 박과 연관된 동작형태에서는 어린들에게 박의 형태를 이해시키고 있다.

제6차 1-2 '옛날 이야기'		
동작 1	동작 2	동작 3

〈그림 83〉 흥부와 놀부 이야기 속의 춤추기

흥부와 놀부 이야기에 의한 춤추기는 제6차 교육과정에서 제시되었다. 춤추기의 형태는 나란히 옆으로 서서 추기, 원의 형태로 춤추기이다.

동작 1)은 3인은 옆으로 나란히 서서 다리와 팔을 굽히면서 춤추기이다. 동작 2)는 1인이 중앙에서 양 팔을 벌리고 있으며 중앙 1인을 향하여 각 측면에서 3명씩 원의 형태를 취하면서 모이기이다. 동작 3)은 3인은 원의 형태로 서서 두 손을 포개어 주둥이 형태를 취하면서 양 발을 엇갈려 들려 올리기이다. 이 교육과정에서는 춤추기를 통하여 협동할 수 있는 기회를 가졌다.

이와 같이 이야기에 의한 동작형태를 분석한 결과 다음과 같은 특징이 있음을 알 수 있다.

첫째, 토끼와 거북이 이야기에 의한 동작표현은 경쟁심을 갖도록 하면서도 그 속에서 서로 화합하는 모습을 춤으로 표현하고 있다.

둘째, 흥부와 놀부 이야기에 의한 동작표현은 선(善)한 마음을 갖도록 하고 있다. 놀부의 욕심적인 행동과 흥부의 선한 행동을 동작으로 표현하면서 도덕적 심성을 기르도록 하고 있다. 그리고 흥부와 놀부의 화합 모습도 춤으로 표현하고 있다.

4. 문화인식에 대한 동작교육 내용

문화인식에 대한 동작교육을 위해 한국 민속춤과 외국 민속춤이 제시되고 있다. 한국 민속춤을 통해서는 우리나라의 춤의 아름다움과 민족적 긍지를 심어 주고 있다. 그리고 외국 민속춤을 통해서는 각 나라의 문화적 특징과 이해를 통하여 폭넓은 세계관을 갖도록 하고 있다.

1) 한국 민속춤

'한국 민속춤'의 단원명은 '추석', '달맞이', '탈놀이', '우리들 잔치', '한가위', '우리들 세상', '우리나라 좋은 나라'이다. 이들 한국 민속춤 단원은 다음과 같은 특징이 있다.

첫째, 추석은 수확의 계절 추석을 맞이하여 조상에 대한 고마움과 부모님의 사랑 그리고 우리의 민풍양속을 알게 한다. 둘째, 달맞이는 자연을 숭배하고 소박하고 온후한 우리 민족의 마음씨를 느껴 보도록 하고 있다. 셋째, 탈놀이는 우리 정서인 희로애락을 표현하고 있다. 넷째, 우리들 세상과 우리들 잔치는

2학년에서 배운 동작을 학년 말에 재주를 발표하는 것으로 한국 민속춤이 제시되었다.

'한국 민속춤' 단원의 학습방법은 다음과 같다.

첫째, 한국 민속춤에 대한 이야기하기이다. 한국 민속춤 이야기하기에서는 춤추어 본 경험, VCR을 통하여 한국 민속춤 보고 느낀 점 이야기하기가 주로 제시되었다. 그 밖에 달맞이춤은 달에 대한 이야기하기이다. 탈춤은 탈춤 추는 흉내내기, 탈의 종류 이야기하기이다. 소고춤은 농악에 대한 이야기하기와 풍물대에 사용된 악기 이름 알아맞히기이다. 강강술래는 강강술래 유래에 대한 이야기하기와 원형 만들어 놀았던 경험이야기하기이다.

둘째, 한국 민속춤 장단 익히기이다. 한국 민속춤 장단 익히기는 책상치기, 무릎치기, 손뼉치기, 구음으로 장단 익히기가 제시되었다.

셋째, 한국 민속춤 춤사위 익히기이다. 달맞이 춤은 원주상에 손잡고 걷기와 뛰기, 원 안으로 들어가기와 나오기, 리듬에 맞춰 달맞이 춤추기이다. 탈춤은 뛰면서 전후좌우로 몸 방향 바꾸기, 고개 흔들기, 두 발로 뛰면서 팔 흔들기, 무릎 굽혀 뛰면서 팔 흔들기, 고개 좌우로 흔들기, 걷기, 뛰기, 돌기, 이동하면서 움직이기, 북소리에 맞춰 춤추기이다. 소고춤은 제자리에서 소고 앞뒤치기, 한쪽 다리 밑에서 소고치기, 몸 앞에서 소고치기, 팔꿈치로 소고치기, 어깨로 소고치기, 원 중심으로 모였다 흩어지기, 원을 그리며 소고치기, 혼자 또는 짝과 함께 움직여 보기, 장단에 맞춰 소고치기, 모둠별 또는 학습 전체가 함께 움직여 보기, 농악대와 함께 소고치기, 농악대와 함께 춤추기, 걸으면서 소고치기, 소고 한번치고 춤추기이다. 강강술래는 대문놀이하기, 여러 사람이 손잡고 춤추기, 손잡고 걷기, 바대로 걷기, 가볍게 걷기, 가볍게 뛰기, 스키핑하기, 한 줄 만들어 가볍게 뛰기, 원 만들어 가볍게 뛰기이다.

넷째, 평가하기이다. 분단별로 발표하기, 감상하기, 재매있었던 점, 힘들었던 점 이야기하기, 친구 동작 감상하기, 친구 움직임에서 잘하고, 재미있었던 점, 모둠별 발표하기, 춤 순서 짜기에 어려웠던 점 발표하기이다.

다음은 '한국 민속춤' 동작형태이다.

한국 민속춤 동작표현의 형태는 달맞이춤, 강강술래춤, 탈춤, 소고춤, 꼭두각시춤, 탈을 쓰고 꼭두각시 음악에 맞춰 춤추기에서 제시된 춤사위를 살펴보고자 한다.

(1) 달맞이 춤추기의 동작형태

달맞이 춤추기의 동작형태는 달의 형태를 표현하기에 중점을 두고 있다.

제4차 2-1 '추석'

제4차 2-2 '달맞이'

<table>
<tr><th colspan="3">제5차 2-2 ‘달맞이’</th></tr>
<tr><td colspan="3">동작 1</td></tr>
<tr><td colspan="3"></td></tr>
<tr><td>동작 2</td><td>동작 3</td><td>동작 4</td></tr>
<tr><td></td><td></td><td></td></tr>
</table>

〈그림 84〉 달맞이춤

달맞이춤은 제4차, 제5차 교육과정에 제시되었다. 제4차 교육과정 1학년에서는 원주상에서 손잡고 걷기와 뛰기이다. 제4차 교육과정 2학년에서는 11명이 손잡고 원 안을 보면서 안으로 들어가기와 나오기 동작하고 원 양 옆으로 각 3명은 스키핑 또는 러닝을 하면서 원을 향해 들어갔다가 다시 나오기이다. 제5차 교육과정에서는 동작 1)은 원주상에서 걷기와 뛰기이다. 동작 2), 동작 3), 동작 4)는 원 안에 있는 사람은 제기차기, 널뛰기, 씨름하기 등 옛 풍습놀이 흉내내기이다.

(2) 강강술래춤

강강술래춤은 우리나라 세시풍속(歲時風俗) 중 부녀자 중심의 놀이로 전라남도 해안(海岸) 일대에 전승되어 하체 중심의 민속놀이이다. 달 밝은 밤에 곱게 단장한 부녀자들이 수십 명씩 일정한 처소(處所)에 모여서 손에 손을 잡고 원형으로 늘어서서 "강강술래"라는 후렴구가 붙은 노래를 부르며 원형을 돌면서 뛰어노는 놀이이다. "강강"은 주위 원이란 뜻의 호남지방의 방언(方言)이요, "술래"는 '돈다'는 뜻이며, 술래가 '수월래'로 되었다고 본다.[1)]

강강술래 놀이 방법은 입장 인사-긴 강강술래-중 강강술래-자진 강강술래-남생아 놀아라-고사리 꺾기-청어 엮고 풀기-덕석몰기-기와 밟기-문 열기-쥔 쥐새끼놀이-꼬리 따기-강강술래-인사-퇴장으로 되어 있다.

여기서는 강강술래 기본동작, 고사리 꺾기, 청어 엮기, 덕석몰이, 문 열기가 제시되었다 그 밖에 원 안, 원 밖으로 들어가고 나오기, 한 줄 만들기가 제시되었다.

제6차 2-2 '달맞이'	제7차 1-2 '한가위'

〈그림 85〉 강강술래 기본동작

1) 김온경(1988), 「한국민속무용연구」, 형설출판사, pp. 136~140.

강강술래 기본동작은 제6차, 제7차 교육과정에서 제시되었다. 강강술래의 기본동작은 원주상에서 여럿이 손을 잡고 노래 강강술래하면서 걷거나, 뛰는 동작이다. 이 동작은 시작에서는 천천히 걷다가 점점 빨라지면서 뛰기이다.

제7차 1-2 '한가위'

〈그림 86〉 고사리 꺾기

고사리 꺾기는 선두가 일어서서 잡고 있는 사람 팔 위를 지나면서 한 바퀴 돈다. 뒤 사람은 선두를 따라 일어나고 선두는 다시 그 다음 사람의 팔 위를 넘는다. 고사리 꺾기는 여성들의 노동활동이 놀이와 예술활동으로 승화된 것으로 생활과 예술이 함께 어우러져 있는 전통사회 민중들의 삶의 태도를 보여주는 동작이다.

제6차 2-2 '달맞이'

〈그림 87〉 청어엮기

청어엮기는 서남해에서 많이 잡히는 청어를 엮어 나가는 모양을 표현하는 놀이이다. 청어엮기가 끝나면 청어풀기로 이어진다. 위의 동작은 문을 빠져 나가는 사람의 오른손이 문을 만들고 서 있는 왼손과 손을 잡고 문을 빠져 나가면서 오른쪽으로 돈다. 그러면 자연스럽게 문을 만들고 서 있는 사람의 왼팔이 오른쪽 겨드랑이를 감싸면서 청어엮기를 한다.

제6차 2-2 '달맞이'	제7차 1-2 '한가위'

〈그림 88〉 덕석몰이

덕석몰이 또는 멍석말이 놀이는 마치 멍석을 말듯이 한 줄로 서서 선두를 좇아 원 안으로 감아 들어가는 동작이다. 이 때 동작은 몸의 정면은 원 밖을 보고 시선은 오른쪽 옆 사람을 보면서 원 안으로 감아 들어간다.

제6차 2-2 '달맞이'

제7차 1-2 '한가위'

〈그림 89〉 문 열기

문 열기는 제6차, 제7차 교육과정에서 제시되었다. 제6차 교육과정에서는 세 사람이 한 조가 되어서 문 열기 동작하기이다. 이 동작은 사람이 마주 보고 서서 양 팔을 들고 서 있으며 한 사람이 그 사이로 빠져 나오기이다. 제7차에서는 모둠이 한 조가 되어 문 열기 동작하기이다. 두 사람은 마주 보고 서서 문을 만들고 나머지 사람은 그 사이를 빠져 나온다.

제6차 2-2 '달맞이'	

제7차 1-2 '한가위'	
동작 1	동작 2

〈그림 90〉 원 안으로 뛰어들어가기

원 안으로 뛰어들어가기 동작은 제6차, 제7차 교육과정에서 제시되었다. 제6차 교육과정에서는 원 안을 보고 손을 잡고 들어가기이다. 이 때 시선은 팔을 들어올리는 높이에 따라서 들어올린다. 제7차 교육과정에서 동작 1)은 각자 양 팔을 머리 위로 든 상태에서 팔목만 까닥까닥 좌우로 흔들며 원 안을 보고 들어가기이다. 그리고 동작 2)는 선생님 북소리에 맞춰 각자 양 팔을 머리 위로 든 상태에서 팔목만 까닥까닥 좌우로 흔들며 원 안을 보고 들어가기이다.

제7차 1-2 '한가위'

〈그림 91〉 한 줄 만들기

한 줄 만들기는 제7차 교육과정에서 제시되었다. 한 줄 만들기 동작은 3명이 한 조가 되었다가 가위 바위 보를 하여 진 팀이 이긴 팀 쪽에 손을 잡아 한 모둠이 되도록 한다.

위와 같이 달맞이춤과 강강술래춤은 어린이들은 원주상을 걷기와 뛰기를 하면서 달의 형태를 표현하고 있다. 그리고 우리 고유의 민속놀이를 알게 하고 있다.

(3) 탈춤추기

'탈춤'은 가면무용이라고도 한다. 가면은 원시시대에 집단생활에 있어서 여러 가지 종교적 의식에 신령(神靈), 악귀(惡鬼), 요괴(妖怪), 동물 등의 비인간적인 것에 가장하여 주술(呪術)을 행할 필요에서 요구되었던 것인데 하나는 외적(外敵)이나 악령(惡靈)을 물리치기 위하여 둘은 신의 존재를 표시하기 위하여 셋은 사자(死者) 숭배(崇拜)에서 망자(亡者)와 비슷하게 만들기 위하여, 넷은 토테미즘의 신앙에서 각종의 동물에 가장하기 위한 의태(擬態)에서 발생하였다.[2)]

'탈춤'은 기본적으로 얼굴에 탈을 쓰고 추는 춤이다. 그래서 춤의 동작이 굉장히 과장되고 크다. 이것은 가면을 쓴 얼굴이 몸 전체적 비율에 비해 크기 때문에 동작을 크고 과장되게 해 줌으로써 춤의 전체적 조화를 이루고 있다.

'탈춤' 동작은 제자리에서 다양하게 움직이기, 뛰기, 걷기, 고개짓하기, 얼르기 등이 제시되었다.

제4차 2-2 '탈놀이'				
동작 1	동작 2	동작 3	동작 4	동작 5

제5차 2-1 '탈놀이'	
동작 1	동작 2

2) 김온경(1988), 「한국민속무용연구」, 형설출판사, p. 180.

제6차 2-2 '탈놀이'		
동작 1	동작 2	동작 3

동작 4	동작 5	동작 6

동작 7	동작 8	동작 9

동작 10	동작 11	동작 12

동작 13	동작 14	동작 15
	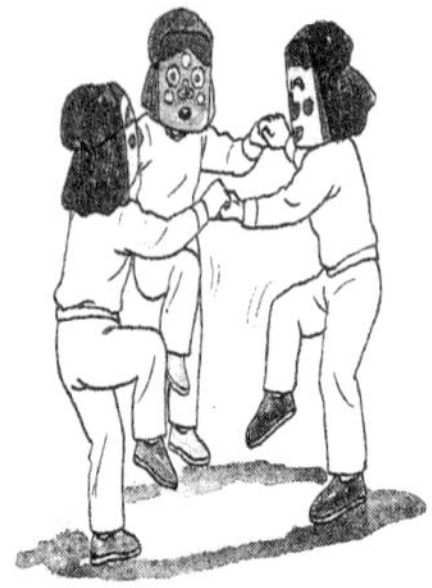	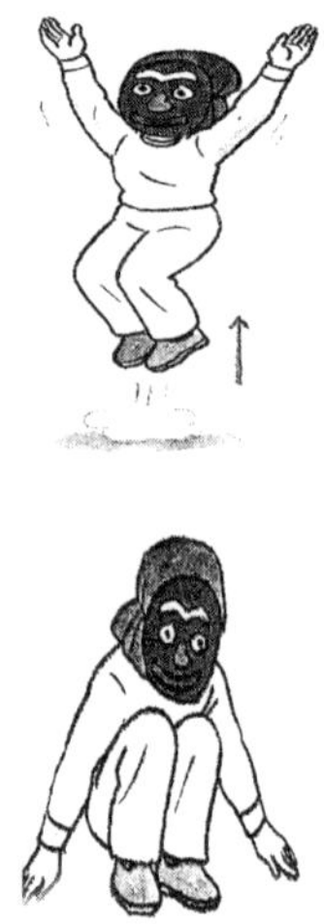

〈그림 92〉 탈춤추기의 동작형태

탈춤은 제4차 교육과정에서는 어깨 춤추기, 고개 흔들기, 제자리에서 한 팔 들고 위로 뛰기, 걷기, 두 발 모아 한 팔 들고 뛰기가 제시되었다.

동작 1), 동작 2)는 탈춤춤사위 중 건드렁 먹기와 유사한다. 건드렁 먹기는 어깨춤사위로 양 팔을 옆으로 벌리고 오른쪽 왼쪽으로 어르는 동작이다.

동작 3) 탈춤 춤사위 중 반화장과 유사하다. 반화장은 무겁게 한쪽 팔과 다리를 들어올렸다가 옆으로 내리는 동작이다.

동작 4), 동작 5)는 각각 걷기와 두 발 모아 위로 뛰기이다. 제5차 교육과정에서의 탈춤은 짝과 마주 보고 춤추기와 신체 높낮이를 달리하여 춤추기이다. 제6차 교육과정에서의 탈춤은 고개 흔들기, 어깨 춤추기, 한팔꺾기, 양팔꺾기, 한 발로 위로 뛰기, 두 발 모아 위로 뛰기, 걷기, 허리 돌리기, 두 발 모아 위로 뛰었다가 제자리에 착지하여 앉기 등이 제시되었다.

위와 같이 제4차, 제5차, 제6차 교육과정에서 탈춤은 어린이들에게 신체 각 부위 움직임에 중점을 두고 있다. 그것은 고개, 팔, 다리 순으로 동작하기이다.

(4) 탈을 쓰고 꼭두각시 음악에 맞춰 춤추기

탈을 쓰고 꼭두각시 음악에 맞춰 춤추기는 학년 말 재주발표하기 주제로 제시된 내용이다. 여기서는 짝과 춤추기, 여럿 손잡고 춤추기 원형 만들어 춤추기가 제시되었다.

제5차 2-2 '우리들의 잔치'		
동작 1	동작 2	동작 3

동작 4	동작 5	동작 6

동작 7	동작 8	동작 9

〈그림 93〉 탈을 쓰고 꼭두각시 음악에 맞춰 춤추기의 동작형태

탈을 쓰고 꼭두각시 춤추기의 동작형태는 제5차 교육과정에서 제시되었다. 제5차 교육과정 2학년 말 재주발표하기 내용이다. 1년간 배운 탈춤을 바탕으로 꼭두각시 음악에 맞추어 춤추기이다. 춤 내용은 여자끼리 춤추기, 남자끼리 춤추기, 남자와 여자가 짝이 되어 서로 보고 어르기, 남자와 여자가 두 원을 만들어 여자는 원 안에서 양 팔 들고 서 있기와 남자는 바깥 원에서 뒷짐지고 서 있기가 제시되었다.

이와 같이 탈을 쓰고 꼭두각시 춤추기는 학년 말 학급 전체가 참여하기 때문에 원주상 손을 잡고 춤추기, 짝과 춤추기, 원의 형태를 취하여 춤추기가 제시되었다.

(5) 소고춤

소고춤은 농악에 편성되는 춤이다. 농악에서 소고잡이들이 추는 춤으로 전복(戰服)에 상모가 달린 전립(戰笠)을 쓰고 자루가 달린 소고를 두드리면서 경쾌하게 움직이며 추는 춤이다. 소고는 소리를 듣기 위해서라기보다 하나의 소도구로 이용되는 일이 많다. 즐거운생활에서 제시된 소고춤 동작은 소고 앞뒤치기, 소고 발밑에서 치기, 걷기와 뛰면서 소고치기, 원주상에서 소고치기, 앉아서 소고치기, 소고치면서 각자 이동할 길의 모양 그리기이다.

제6차 1-2 '추석'			
동작 1	동작 2	동작 3	동작 4

동작 5	동작 6	동작 7	동작 8

동작 9	동작 10	동작 11

동작 12	동작 13

<table>
<tr><th colspan="12">제6차 2-2 '달맞이'</th></tr>
<tr><td colspan="4">동작 1</td><td colspan="4">동작 2</td><td colspan="4">동작 3</td></tr>
<tr><td colspan="4"></td><td colspan="4"></td><td colspan="4"></td></tr>
<tr><td colspan="6">동작 4</td><td colspan="6">동작 5</td></tr>
<tr><td colspan="6"></td><td colspan="6"></td></tr>
<tr><td colspan="3">동작 6</td><td colspan="3">동작 7</td><td colspan="3">동작 8</td><td colspan="3">동작 9</td></tr>
<tr><td colspan="3"></td><td colspan="3"></td><td colspan="3"></td><td colspan="3"></td></tr>
</table>

동작 10	동작 11

<table>
<tr><th colspan="4">제7차 1-2 '한가위'</th></tr>
<tr><td>동작 1</td><td>동작 2</td><td>동작 3</td><td>동작 4</td></tr>
<tr><td></td><td></td><td></td><td></td></tr>
<tr><td colspan="2">동작 5</td><td colspan="2">동작 6</td></tr>
<tr><td colspan="2"></td><td colspan="2"></td></tr>
</table>

제7차 2-1 '우리나라 좋은 나라'			
동작 1	동작 2	동작 3	동작 4

동작 5	동작 6	동작 7	동작 8

〈그림 94〉 소고춤의 동작형태

소고춤은 제6차, 제7차 교육과정에서 제시되었다. 소고춤은 이들 교육과정에서 동작형태가 소고 가슴 앞에서 치기, 다리 밑에서 치기, 앉아서 치기, 원주상 돌면서 치기, 원 안으로 들어가서 치기 등이 제시되었다. 특히 제6차 교육과정은 2학년 2학기에서는 선을 그리면 춤추기에 중점을 두고 제시되었다.

(6) 꼭두각시춤

'꼭두각시춤'은 인형극 형식을 만들어 그 동안 익혀 온 재주를 자랑하는데 있어 민속춤 추기의 소재로 제시되었다.

'꼭두각시춤'은 꼭두각시 음악을 들으면서 여자는 앉고 남자는 뒤에서 서서 서로 얼르기, 손뼉치기, 꼭꼭 숨어라 동작하기, 짝과 손뼉치기, 옆으로 걷기, 짝과 마주 보고 손가락짓하기, 짝과 마주 보고 다가가기, 양 손 마주 잡고 종종걸음하기 등이 제시되었다. 그리고 '즐거운 민속춤 추기'는 지도서 참고사항에서 꼭두각시춤 동작을 제시하였다.

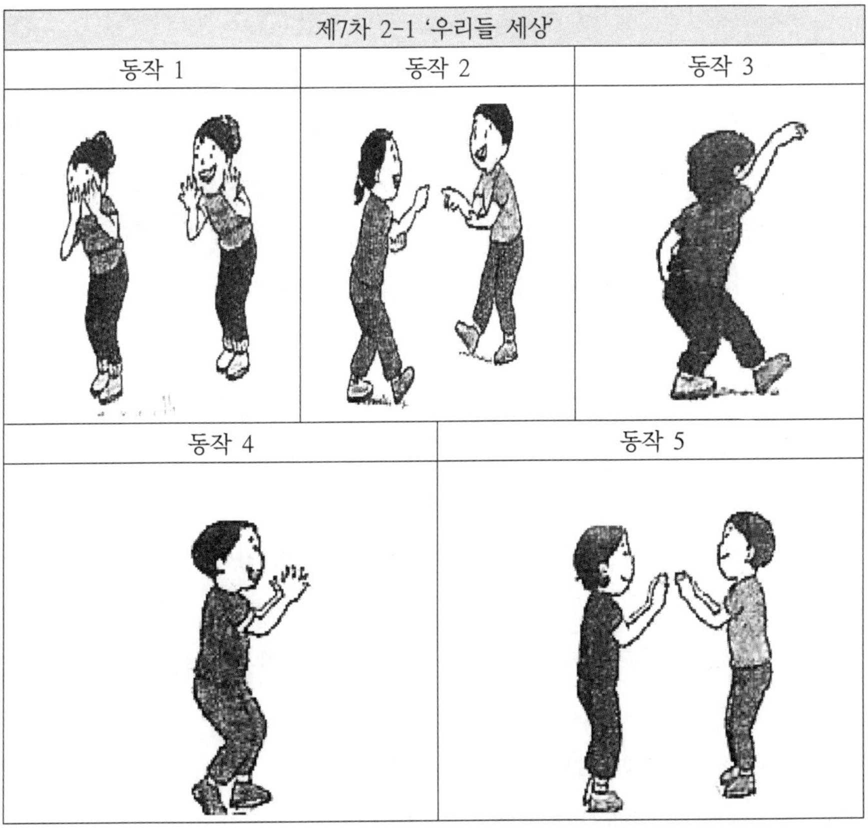

〈그림 95〉 꼭두각시 춤추기의 동작형태

꼭두각시 춤추기 동작형태는 제7차 교육과정에서 제시되었다. 동작 1)은 꼭꼭 숨어라 동작이다. 양 손으로 두 눈을 가렸다 양 손을 옆으로 벌리기이다.

동작 2)는 친구와 서로 마주 보고 같은 오른손과 오른발을 앞으로 내밀고 손가락으로 친구를 가리킨다. 동작 4)는 자기의 손뼉을 친다. 동작 5)는 친구와 마주 보고 손뼉친다.

이와 같이 '한국 민속춤' 동작형태를 분석한 결과 다음과 같은 특징이 있음을 알 수 있다.

첫째, 한국 민속춤은 달맞이와 강강술래에서 원형의 춤 형태가 많다. 이것은 달의 형태를 묘사한 것이다. 둘째, 탈춤은 고개, 팔, 다리 신체 각 부위를 다양하게 움직여 보는 것이 주 학습 내용으로 되어 있다. 따라서 탈춤 동작은 협동된 동작보다는 개인 움직임에 중점을 두고 있다. 셋째, 소고춤은 다양하게 소고치는 방법과 원형에 의한 춤추기가 제시되었다. 소고춤은 달맞이춤, 강강술래춤과 같이 어린이들의 협동심을 기르게 하고 있다. 넷째, 한국 민속춤이 어린이들에게 보다 다양한 동작형태를 제시하기 위해서는 춤사위를 정확히 제시할 필요가 있다

2) 외국 민속춤

'외국 민속춤'의 단원명은 노래하자 춤추자, 정다운 이웃, 만나서 반가와요, 우리들 세상이다. 단원에 제시된 외국 민속춤은 노래하자 춤추자, 어린이 폴카춤, 덩케르트춤, 아프리카춤이다. '외국 민속춤' 단원은 다음과 같은 특징이 있다.

첫째, 노래하자 춤추자와 만나서 반가워요 단원은 새 학기를 시작하면서 친구들과 사이좋게 지내기 위하여 제시되었다. 둘째, 정다운 이웃 단원은 1년 동안 학교생활을 하면서 다른 사람에 대한 높아진 관심을 표현할 수 있는 기회를 갖고자 제시되었다. 셋째, 우리들 세상 단원은 재주를 발표하는 단원이다.

외국 민속춤은 7차 교육과정에서 주로 많이 제시되었으며, 춤 형식 역시 다양하게 제시되었는데 이것은 제7차 교육과정이 '21세기 세계화, 정보화시대

를 주도할 자율적이고, 창의적인 한국인을 육성하기 위한 기본 방침에 따른 것으로 본다. 외국 민속춤은 학교생활, 이웃의 소중함과 고마움, 세계의 독특한 문화인식을 위하여 학습되고 있다.

'외국 민속춤' 단원의 학습방법은 다음과 같다.

첫째, 외국 민속춤 추어본 경험 이야기하기이다. TV, VCR, 사진 등에서 본 외국 민속춤 이야기하기, 여러 사람과 춤추었던 경험 이야기하기이다. 둘째, 인사하는 법 알아보기이다. 셋째, 외국 민속춤 추기이다. 외국 민속춤 기본 춤 익히기, 짝과 손뼉치기, 원형 만들어 짝 바꾸어 춤추기, 원형 만들어 짝과 마주 보고 춤추기, 1열 원대형에서 음악에 맞춰 춤추기, 폴카춤 익히기, 전시에 학습 노래부르며 춤추기, 음악에 맞춰 동작이어서 하기, 아프리카춤 익히기이다. 넷째, 평가하기이다.

다음은 '외국 민속춤' 동작형태이다.

외국 민속춤 동작형태는 노래하자 춤추자, 어린이 폴카춤. 덩케르트춤, 아프리카춤이다.

제4차 2-2 '노래하자 춤추자'		
동작 1	동작 2	동작 3

동작 4

〈그림 96〉 노래하자 춤추자

노래하자 춤추자은 제4차 교육과정에서 제시되었다. 노래하자 춤추자는 원주상에서 두 사람이 마주 보고 손뼉치기, 짝과 팔짱끼고 춤추면서 원주상에서 새로운 짝 만나기이다.

동작 1)은 짝과 마주 보고 두 무릎 살짝 굽힌 다음 짝과 함게 두 손뼉치기이다. 동작 2), 동작 3)은 짝과 마주 보고 선 다음 짝과 한 손 손뼉치기이다. 동작 4)는 원주상에서 짝과 팔짱끼고 돌다가 다음 짝과 만나기이다.

제7차 1-2 '정다운 이웃'		
동작 1	동작 2	동작 3
	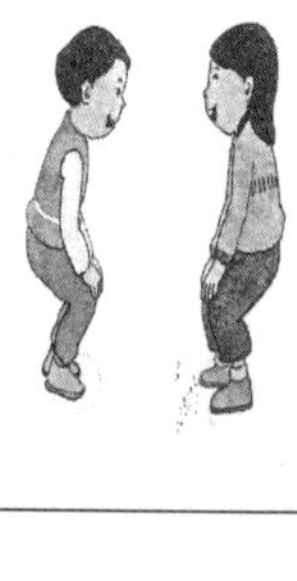	

동작 4	동작 5	동작 6

동작 7

동작 8

〈그림 97〉 어린이 폴카춤

어린이 폴카춤은 제7차 교육과정에서 제시되었다. 이 춤은 독일 민속춤이다. 어린이 폴카 춤은 2/4박자에 맞추어 추는 춤으로 대형은 1열 원형이며, 남자는 반시계 방향, 여자는 시계 방향으로 돌면서 춤을 춘다. 원주상에서 짝과 손뼉치고, 집게손가락으로 다정하게 짝 가리키기는 동작, 그리고 새로운 짝 만나기로 구성되어 있다.

동작 1)은 스템프 동작하기이다. 이 동작은 각자의 무릎을 직각으로 절도 있게 굽혀 들었다 하는 것으로 마치 도장으로 스템프를 찍듯이 왼발 오른발을 서로 번갈아 가면서 땅을 절도 있게 딛는다. 동작 2)는 짝과 마주 보고 선 다음 살짝 무릎을 굽히면서 양 손으로 자신을 무릎을 짚는다. 동작 3)은 짝과 마주 보고 선 다음 자신의 양 손바닥을 마주친다. 동작 4)는 짝과 마주 선 다음 짝과 함께 손뼉을 친다. 동작 5)는 짝과 마주 보고 선 다음 같은 손과 같은 발을 앞으로 내민 다음 발뒤꿈치로는 땅을 찍고 약지손가락으로는 짝을 가리킨다. 동작 6)은 각자 양 손을 자신의 허리에 대고 짝과 어깨를 마주치면서 앞으로 걸어 나가서 새로운 짝과 만나기이다.

제7차 2-1 '만나서 반가워요'		
동작 1	동작 2	동작 3
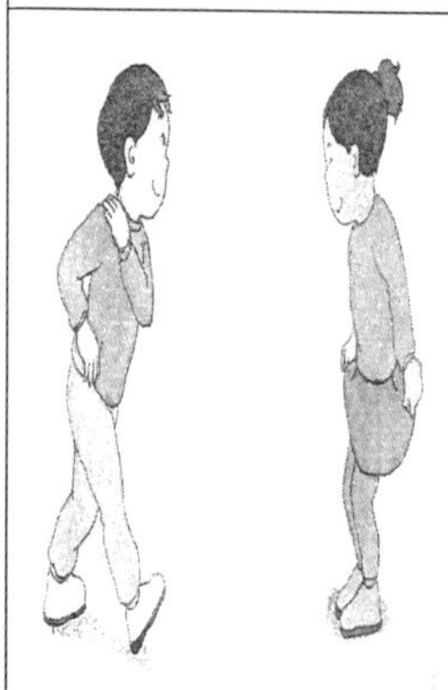		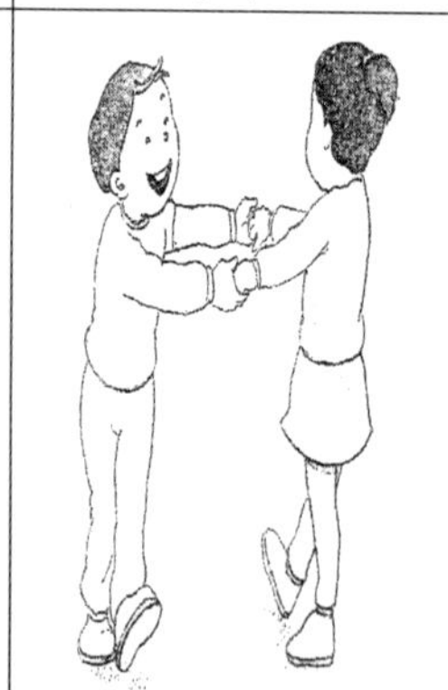

〈그림 98〉 덩케르트춤

덩케르트춤은 제7차 교육과정에서 제시되었다. 동작 1)은 인사하기이다. 남자는 오른발을 앞으로 내밀고 왼손을 오른쪽 어깨에 갖다 대고 고개를 살짝 숙여 인사한다. 여자는 양 무릎을 붙이고 살짝 굽힌 다음 양 손으로 치마를 잡고 고개를 살짝 숙여 인사한다. 동작 2)는 남녀가 사이사이 손을 잡고 원주상을 돈다. 동작 3)은 양 팔을 앞으로 쭉 뻗어 짝과 손잡고서 짝과 반대 발로 자신의 오른쪽 왼쪽으로 갖다 놓기이다.

<table>
<tr><th colspan="4">제7차 2-1 '우리들 세상'</th></tr>
<tr><td>동작 1</td><td>동작 2</td><td>동작 3</td><td>동작 4</td></tr>
<tr><td></td><td></td><td></td><td></td></tr>
<tr><td colspan="4">동작 5</td></tr>
<tr><td colspan="4"></td></tr>
</table>

〈그림 99〉 아프리카춤

아프리카춤은 제7차 교육과정에서 제시되었다. 이 춤은 아프리카 음악을 듣고 아프리카 춤추기이다. 동작 1), 동작 2), 동작 3), 동작 4)는 손과 팔 관절 움직이기이다. 동작 5)는 두 무릎을 어깨 너비로 벌리고 굴신하면서 양 손을 허벅지에 갖다 댄다. 아프리카춤은 주로 양 무릎 굽힌 상태에서 춤을 추고 있으며, 모둠별로 앞으로 뛰기와 옆으로 뛰기를 하고 있다.

이와 같이 '외국 민속춤' 동작형태를 분석한 결과 다음과 같은 특징이 있음을 알 수 있다.

외국 민속춤은 원주상에서 짝과 인사하기, 짝과 손뼉치기, 집게손가락으로 짝 가리키기, 짝과 팔짱끼고 돌기, 그리고 새로운 짝 만나기 동작으로 구성되어 있다. 또한 모둠별로 앞으로 뛰기와 뒤로 뛰기 동작을 하고 있다. 외국 민속춤은 원주상에서 춤을 추고 있는데 이러한 활동은 여러 친구들과 함께 원의 상태에서 춤을 추면서 친구에 대한 배려와 협동심을 가질 수 있게 한다. 원주상에서 짝과 마주 보고 손뼉을 치는 동작은 짝과 적당한 거리를 유지하지 않으면 서로 손뼉을 치면서 상대방을 밀어내거나, 혹은 지나친 힘을 가하게 되어 불쾌감을 줄 수 있다. 또한 짝과 팔짱을 끼고 돌기를 할 때 지나친 힘으로 돌게 되면 상대방은 불쾌감을 가질 수 있기 때문에 짝과의 호흡과 배려가 무엇보다 중요하다. 그리고 짝을 바꾸기 위한 돌기 동작도 서로의 공간을 잘 조절하고 서로 배려해 주어야 상대방이 편하게 이동할 수 있다. 외국 민속춤은 짝과 혹은 여럿이 손잡고 손뼉치고 팔짱 끼고 춤을 추는 동안 타인과 신체를 접촉하면서 친숙함을 느낄 수 있고 상대방에 대한 배려의 마음을 갖게 한다.

제 5 장

결　　론

본 저서는 다음과 같은 결론을 얻을 수 있다.

첫째, 초등학교 1, 2학년 동작교육은 교육과정 변천에서는 어린이들의 생활 주변에 있는 자연물, 인공물에 대한 흉내내기, 춤추기, 신체표현 활동으로만 제시되어 있어 그 내용을 파악하기 어려웠다. 그러나 본 저서는 즐거운생활 교과를 통한 동작형태를 분석함으로써 동작교육 에 대한 구체적 내용을 파악할 수 있었다.

둘째, 즐거운생활에서 동작교육의 구체적 내용은 동작형태 분석을 통한 것이다. 동작형태의 대상은 동물, 꽃, 수, 우주, 비행기, 친구, 노래의 의한 동작(여름 냇가, 똑같아요, 뻐꾸기, 가을 소풍), 음악에 대한 동작(소리, 크게, 높게, 낮게, 가볍게, 무겁게, 부드럽게, 리듬꼴 등), 이야기에 의한 동작(토끼와 거북이, 흥부와 놀부), 한국 민속춤(강강술래, 탈춤, 달맞이, 소고춤, 꼭두각시, 탈을 쓰고 춤추기), 외국 민속춤(노래하자, 춤추자, 독일 어린이 폴카춤, 아프리카춤) 등으로 나타났다. 이들 대상은 즐거운생활 지도서 제재개관 내용을 기준으로 하여 크게 모방 동작교육, 노래와 음(音)에 대한 동작교육, 이야기에 의한 동작교육, 문화 인식을 위한 동작교육 범주로 분류할 수 있다. 그리고 대상이 동작형태학습에서 갖는 교육적 의미를 다음과 같이 설명할 수 있다.

모방 동작교육 범주에 속하는 동작형태 대상은 동물, 꽃, 수, 우주, 비행기, 친구 등이다. 동물과 꽃 흉내내기는 자연물의 습성, 모양, 구조 등을 동작으로 표현하면서 자연의 소중함을 인식시키고 있다. 수 흉내내기는 동작, 언어, 박자에 의하여 수학의 기초개념을 학습하고 있다. 우주와 비행기 흉내내기는 인공물의 구조와 기능을 파악하고 이들의 착륙과 이륙을 동작으로 표현하고 있다. 그리고 중력이 없는 우주 공간에서 균형잡기 동작은 지구와 우주 공간에 대한 환경에 차이가 있다는 인식을 갖게 한다. 이를 통하여 확산적 사고를 갖게 하는 학습을 하고 있다. 친구에 따른 동작은 친구와 동일한 동작하기와 반대되는 동작을 통해서 대칭과 비대칭을 이해시키고 있다.

노래와 음(音)에 대한 동작교육은 노래가사에 의한 동작형태와 음에 대한 동작형태가 있다. 노래가사에 의한 동작형태는 노래가사가 제시하고 있는 뜻을 정확히 파악하게 한다. 음에 대한 동작형태는 음에 차이에 따라서 동작을 크게, 작게 하면서 음악의 기본 개념을 이해시키고 있다.

이야기 동작교육의 범주는 토끼와 거북이, 흥부와 놀부의 이야기이다. 이야기는 춤추기를 통해서 화합하는 마음을 갖게 하고 있다.

문화인식을 위한 동작교육 범주에 속하는 것은 한국 민속춤과 외국 민속춤이 있다. 이들 민속춤은 춤추기를 통하여 각 나라의 민속춤 특징을 알게 하는 가운데 우리나라와 외국 문화의 차이를 이해시키고 있다. 이와 같이 즐거운생활에서 동작교육은 다양한 교육적 의미를 제시하였다.

셋째, 즐거운생활 동작형태는 동작의 기본요소와 기초적 동작을 학습하고 있다. 이를 통하여 어린이들은 동작에 대한 자신감을 갖게 된다.

동작의 기본요소는 신체인지, 시간인지, 공간인지에 대한 학습이다. 신체인지는 자신의 신체를 움직이고, 균형을 잡고, 조절하는 가운데 이루어지고 있다. 시간인지는 동작을 빠르게, 느리게, 강하게, 약하게, 무겁게, 가볍게, 높게, 낮게 등을 통하여 동작의 느낌을 다양화 시키고 있다. 공간인지는 신체가 움직일 때와 정지 상태일 때 공간, 사람과 물체와 관계하는 공간, 사람과 사람이 관계하는 공간 등에 의하여 이루어지고 있다. 이를 통하여 공간을 적절하게 안배하는 능력을 갖게 되어 표현을 극대화시키고 있다.

기초적 동작은 이동동작, 비이동동작, 조작적 동작에 대한 학습이다. 기초적 동작은 뛰기, 달리기, 걷기(한 발, 두 발, 네 발), 엎드려 기기, 미끄러지기, 뻗기, 구부리기, 비틀기, 앉기, 서기(한 발, 두 발), 회전하기, 균형잡기, 꼬기 등의 동작형태에 의하고 있다. 기초적 동작은 어린이들의 신체를 발육시키는데 도움이 되고 있다.

넷째, 즐거운생활에서 동작형태는 인지 학습, 사회적 관계학습, 문화인식에 대한 학습을 가능하게 한다. 인지학습은 흉내내기 학습과정에서 이루어지고 있다. 흉내내기는 자연물 · 인공물 · 숫자 · 음(音) · 친구동작 등이 갖는 습성,

모습, 구조, 특징을 관찰과 탐구 활동을 통하여 파악한 내용을 표현하도록 하였다. 사회적 관계 학습은 여럿이 춤추기, 친구와 팔짱끼고 돌기, 친구와 손뼉치기, 여럿이 원의 형태로 돌기 등에서 하고 있다. 이를 통하여 자기중심적 사고에서 탈피하여 타인에 대한 배려와 관심을 갖게 하고 있다. 문화인식에 대한 학습은 각 나라의 춤동작 형태를 학습하면서 문화의 다양성을 알게 하여 폭넓은 세계관을 가지도록 하고 있다.

이와 같이 즐거운생활에서 동작형태는 신체적, 인지적, 사회적, 도덕적, 심미적, 문화적 측면을 다루고 있다.

즐거운생활에서 동작형태를 분석하는 과정에서 다음과 같은 문제점을 발견하였다.

첫째, 즐거운생활의 동작형태는 제4차교육과정의 통합교과 형성부터 제7차교육과정의 재정까지 큰 변화가 없었다. 이것은 동작교육에 관한 관심이 미흡함을 알 수 있다. 교육과 사회의 변화에 따른 다양한 동작형태의 제시가 요구된다.

둘째, 제6차 즐거운생활에서 제시된 11인에 의한 꽃 흉내내기는 어린이가 다른 어린이를 무등한 동작이다. 이 동작은 어린이들에게는 무리한 동작으로 본다. 이후 교과서에 제시되는 동작형태는 어린이의 발달단계와 안전성을 고려하여 실행 가능한 것으로 제시할 필요가 있다.

셋째, 한국 민속춤으로 제시된 소고춤, 탈춤, 강강술래, 꼭두각시춤, 달맞이춤, 탈을 쓰고 춤추기는 중복되어 제시되었다. 보다 다양한 한국민속춤이 제시될 필요가 있다.

넷째, 초등학교 1, 2학년 즐거운생활에서 동작교육은 유아 동작교육과 연계성을 갖는다. 유아 동작교육은 충분한 공간 확보에 의하여 실행 가능한 것으로 보는 반면 초등학교 1, 2학년은 공간적 제한으로 인하여 동작교육이 제대로 실행되기 어렵다고 본다. 이를 보완하기 위해서는 교실 안에서 실행이 가능한 동작이 연구되어져야 할 것으로 본다.

참고 문헌

- 즐거운생활 교과서 -

문교부(1987), 「교과서(1-1즐거운생활)제4차」, 국정교과서 주식회사.

문교부(1988), 「교과서(1-2즐거운생활)제4차」, 국정교과서 주식회사.

문교부(1987), 「교과서(2-1즐거운생활)제4차」, 국정교과서 주식회사.

문교부(1987), 「교과서(2-2즐거운생활)제4차」, 국정교과서 주식회사.

문교부(1990), 「교과서(1-1즐거운생활)제5차」, 국정교과서 주식회사.

교육부(1991), 「교과서(1-2즐거운생활)제5차」, 국정교과서 주식회사.

문교부(1991), 「교과서(2-1즐거운생활)제5차」, 국정교과서 주식회사.

교육부(1992), 「교과서(2-2즐거운생활)제5차」, 국정교과서 주식회사.

교육부(1998), 「교과서(1-1즐거운생활)제6차」, 국정교과서 주식회사.

교육부(1998), 「교과서(1-2즐거운생활)제6차」, 국정교과서 주식회사.

교육부(1998), 「교과서(2-1즐거운생활)제6차」, 국정교과서 주식회사.

교육부(1998), 「교과서(2-2즐거운생활)제6차」, 국정교과서 주식회사.

교육인적자원부(2002), 「교과서(1-1즐거운생활)제7차」, 한국교육과정평가원.

교육인적자원부(2001), 「교과서1-2즐거운생활)제7차」, 한국교육과정평가원.

교육인적자원부(2002), 「교과서(2-1즐거운생활)제7차」, 한국교육과정평가원.

교육인적자원부(2002), 「교과서(2-2즐거운생활)제7차」, 한국교육과정평가원.

- 교과 지도서 -

문교부(1988), 「지도서(1-1즐거운생활)제4차」, 국정교과서 주식회사.

문교부(1988), 「지도서(1-2즐거운생활)제4차」, 국정교과서 주식회사.

문교부(1987), 「지도서(2-1즐거운생활)제4차」, 국정교과서 주식회사.

문교부(1987), 「지도서(2-2즐거운생활)제4차」, 국정교과서 주식회사.

문교부(1989), 「지도서(1-1즐거운생활)제5차」, 국정교과서 주식회사.

교육부(1991), 「지도서(1-2즐거운생활)제5차」, 국정교과서 주식회사.
문교부(1990), 「지도서(2-1즐거운생활)제5차」, 국정교과서 주식회사.
교육부(1992), 「지도서(2-2즐거운생활)제5차」, 국정교과서 주식회사.
교육부(1998), 「지도서(1-1즐거운생활)제6차」, 한국개발원.
교육부(1998), 「지도서(1-2즐거운생활)제6차」, 한국개발원.
교육부(1998), 「지도서(2-1즐거운생활)제6차」, 한국개발원.
교육부(1998), 「지도서(2-2즐거운생활)제6차」, 한국개발원.
교육인적 자원부(2002), 「지도서(1-1즐거운생활)제7차」, 한국교육과정평가원.
교육인적 자원부(2001), 「지도서(1-2즐거운생활)제7차」, 한국교육과정평가원.
교육인적 자원부(2002), 「지도서(2-1즐거운생활)제7차」, 한국교육과정평가원.
교육인적 자원부(2001), 「지도서(2-2즐거운생활)제7차」, 한국교육과정평가원.

- 저서 -

교육과학 기술부(2008), 「초등학교 교육과정Ⅱ), 대한교과서.
교육과학기술부(1998), 「초등학교 교유과정해설Ⅱ」, 서울시인쇄공업협동조합.
교육과학기술부(2008), 「초등학교 교육과정해설Ⅰ」, 대한교과서주식회사.
교육과학기술부(2008), 「초등학교 교육과정해설Ⅴ」, 대한교과서주식회사.
교육과학기술부(2008), 「초등학교 교유과정해설Ⅱ」, 대한교과서주식회사.
교육부(1993), 「국민학교 교육과정 해설Ⅲ」, 대한교과서주식회사.
교육부(1998), 「국민학교 교육과정 해설Ⅲ」, 대한교과서주식회사.
교육부(1998), 「초등학교 교육과정Ⅱ」, 대한교과서주식회사.
교육부(1997), 「초 · 중등 학교 교육과정 별책Ⅰ」, 대한교과서주식회사.
교육부(1992), 「초등학교 교육과정」, 대한교과서주식회사.
교육부(1995), 「고등학교 체육교육과정 해설」, 대한교과서주식회사.
교육부(1997), 「초등학교 교육과정 별책Ⅱ」, 대한교과서주식회사.
교육부(1997), 「초 · 증등 학교 교육과정 별책1」, 대한교과서주식회사.
교육부(1998), 「초등학교 교유과정 해설Ⅱ」, 서울시인쇄공업협동조합.
교육부(1998), 「초등학교 교육과정해설Ⅴ-체육, 음악, 미술, 외국어-」, 서울특별시 인쇄공업협동조합.
교육부(1998), 「초등학교 교육과정해설 Ⅱ」, 서울특별시인쇄공업협동조합.
교육부(1999), 「초등학교 교육과정 해설Ⅰ」, 대한교과서.

교육부(2000), 「고등학교 교육과정 해설-1 총론-」, 대한교과서주식회사.
교육부(2001), 「고등학교 교육과정 해설-8 체육」, 대한교과서주식회사.
교육인적자원부(1999), 「초등학교 교육과정 해설Ⅰ - 총론, 재량 활동-」, 대한교과서주식회사.
V. 프레스턴 던롭 지음/김주자 · 김경신 · 김미자 · 배소심 · 이숙재 옮김(2001), 「움직임 교육의 원리」, 현대미학사.
W. 타타르키비츠 지음/ 손효주 옮김(1995), 「미학의 기본개념사미진사」.
고든 펜처, 제랄드 마이어스 편저/김말복 옮김(1993), 「무용의 철학」, 예전사.
고바야시 신지 지음/ 김경자 옮김(2000), 「무용미학」, 현대미학사.
고야스미치코/임영희 옮김(1997), 「슈타이너 학교의 감성교육」, 밝은 누리.
그래험 맥피지음, 김현숙 옮김(1999), 「무용의 철학적 이해」, 철학과 현실사.
김두련(2001), 「어린이들을 위한 무용교육」, 금광출판사.
김두련 · 박은규 공역(2006), 「무용과 교육」, 정담미디어.
김말복(2000), 「무용의 이해」, 예전사.
김말복(1995), 「무용예술론 표현과 그 의미」, 금광출판사.
김매자(2002), 「한국무용사」, 삼신각출판사.
김문주 역(2007), 「움직임과 이완」, 학지사.
김복희, 김화숙(1980), 「현대무용테크닉」, 금광출판사.
김성재(2008), 「유아 동작교육의 이해」, 한국학술정보.
김성훈(2008), 「교육과정 강의」, 동문사.
김옥진(2002), 「무용의 이해」, 한양대학교출판부.
김용한 옮김(1999), 「루도플 슈타이너 학교Ⅱ」, 밝은 누리.
김은심(2001), 「유아-교사를 위한 창의적 동작 교육」, 정민사.
김은심(2004), 「출생부터 8세까지 유아를 위한 동작교육」, 정민사.
김은심(2009), 「유아 동작 교육의 이론과 실제」, 창지사.
김재복 · 이경환 · 허경철(1999), 「초등학교 교육과정 해설」, 교육과학사.
김정수 · 조승미 · 황규자 옮김(2001), 「무용사 연구」, 금광출판사.
김준권, 손충기(2005), 「교육학 개론」, 동문사.
김태원(2004), 「춤의 미학과 교육」, 현대미학사.
김혜은 · 송혜순 공저(2006), 「무용창작과 표현의 기초적 이해」, 형설출판사.
김화숙(2006), 「유아를 위한 창의적 신체활동」, 한국유아교육학과 전북지사제14차

하계워크숍 유아를 위한 창의적 신체표현활동. 익산 : 원광보건대학 멀티미디어관.

김화숙외(2003), 「무용교육의 이해」, 한학문학.

로이윌킨스 저/ 고려대 교육사 · 교육철학 연구회 옮김(1997), 「루돌프 슈타이너의 교육론」, 내일을 여는일.

루돌프라반 저/ 김주자 역자(1993), 「현대의 무용교육」, 현대미학사.

마가렛 두블러지음, 성미숙 역자(2004), 「창조적 경험으로서 춤」, 현대미학사.

문교부(1979), 「초등학교 교육과정 별책Ⅰ」, 한국교육과정평가원.

문교부(1987), 「초등학교 교육과정」, 대한교과서주식회사.

문교부(1988), 「국민하교 교육과정 해설」, 서울시인쇄공업.

문교부(1988), 「초등학교 교육과정 해설」, 서울시인쇄협동조합.

문교부(1988), 「초등학교 교육과정 해설」, 서울시인쇄공업협동조합.

문교부(1989), 「고등학교 교육과정 해설」, 삼진인쇄주식회사.

박금자(1995), 「무용론」, 금광출판사.

배인자 · 한규령 공저(2008), 「유아를 위한 동작교육의 이론과 실제」, 양서원.

새뮤엘 셀던 지음/ 김진석 옮김(1993), 「무대예술론」, 우성사.

성기숙(2001), 「한국무용학 연구의 지평」, 현대미학사.

송수남(1987), 「무용교육의 이론과 실제」, 학연사.

송수남(2002), 「한국무용사」, 금광출판사.

스잔느 K. 랭거 지음/ 이상열 옮김(1995), 「예술이란 무엇인가」, 한글출판사.

신상민(2008), 「동작분석의 표현」, 금광미디어.

신옥순(2008), 「유아교육학 개론」, 학지사.

심성경 · 이선경 · 번길희 · 김나림 · 박주희(2007), 「유아를 위한 동작교육의 이론과 실제」, 학지사.

안병주 · 안병헌 공저(1998), 「무용감상을 위한 이해」, 신광문화사.

안제승 · 안병주(1992), 「무용학개론」, 신원문화사.

앤 허친슨(Ann Hutchinson)(2004), 「라바노테이션 · 키네토그라피 라반」, 대한미디어.

오화진(1994), 「무용문화사」, 금광출판사.

육완순 · 이희선 공저(1992), 「무용교육과정」, 금광출판사.

윤선영(2004), 「발도르프 리듬생활 만들기」, 문음사.

이영(1993), 「유아를 위한 창의적 동작교육」, 교문사.

이영(1999), 「유아동작 지도」, 한국방송통신대학교.
이영 · 전인옥 · 김온기(2004), 「유아를 위한 창의적 동작교육」, 교문사.
이영심(1997), 「손동작과 동작놀이」, 창지사.
이주영(2007), 「예술론 특강」, 미술문화.
임재택 · 박재환(2000), 「유아교육과정」, 양서원.
장정윤 · 이진수 공역(1992)/Jacqueline M. Smith 저, 「무용구성법」, 교육연구사.
정병호(1992), 「한국의 민속춤」, 삼성출판사.
정옥분(2004), 「영유아발달의 이해」, 학지사.
제르멘느 프뤼도모 저, 양선희 옮김(1990), 「무용의 역사」, 삼신각.
조은미 역자(1993), 「무용창작론」, 정담출판사.
죈케바이 외12인/ 김용한 옮김(1999), 「루르 루돌프 슈타이너 학교 Ⅱ」, 밝은 누리.
죤마틴저/ 장정윤역(1994), 「무용입문」, 교학연구사.
최청자(1993), 「무용교육과 안무의 이해」, 현대미학사.
하우저 저/ 이진우 역주(1997), 「예술과 사회」, 계명대학교출판부.
한국무용학회(2003), 「무용교육이란 무엇인가」, 한학문화.
한국행동과학연구소(1983), 「동작활동」, 문교부.
홍용희 외(2006), 「유아를 위한 동작교육의 이론과 실제」, 다음세대.
황순각(2003), 「유아신체활동-이론과 실제」, 양서원.

- 논문 -

강승규(1995), 「슈타이너의 인지학과 교육론」, 우석대학교 논문집 17권.
강신복(1986), 「움직임교육의 개념」, 체육연구소보, 제13호, 서울대학교.
고야스미치코/임영희 옮김(1997), 「슈타이너 학교의 감성교육」, 밝은 누리.
김명수(2005), 「초등학교 체육과 교육목표 및 내용체계 정립 방안」, 한국교원대학교 박사논문.
김미숙(2002), 「루돌프 슈타이너의 교육예술론 연구-오이리트미를 중심으로」, 성신여자대학교 박사논문.
김백봉(1964), 「교육무용의 이념과 지도원리」, 경희대학교 교수논문.
김소미(2006), 「학교조직유형과 교사의 학생지도관에 따른 학생의 사회성에 관한 연구」, 국민대학교 박사논문.
김수천(1989), 「John Dewey의 교육관 연구」, 서울대학교대학원 박사논문.

김운미(1991),「한국 근대 무용교육사 연구」, 한양대학교대학원 박사논문.

김정희(1995),「무용문화 정착을 위한 무용교육의 방향 설정」, 경북대학교대학원 박사학위논문.

김정희(1999),「21세기 무용교육의 방향에 관한 고찰」, 무용교육분야, 한국무용교육학회, pp. 127~142.

김화숙(1999),「교육으로서 무용」, 무용교육연구, 5. pp. 7~26.

박민수(2006),「제7차 교육과정의 체육목표 순위설정과 적용」, 대구대학교대학원 박사논문.

박소영 외(2004),「초등학교 즐거운생활 교육과정의 통합 방식과 내용구성의 한계 및 방향」, 교육과정평가원. 7(1).

백종수(2001),「지식기반사회에서 체육교육의 새로운방향」, 전남대학교대학원 박사논문

서지영(2003),「체육과 교육목표 및 내용 체계 연구(Ⅱ)」, 한국교육과정평가원 연구보고 RRC 2003-7」.

송미숙(2000),「우리춤 교육을 위한 프로그램 개발과 적용 효과」, 한국교원대학교대학원 박사논문.

신은경(1995),「학문-기반 예술교육(DBAE)이론에 기초한 중학교 무용교육과정모형 개발에 관한 연구」, 이화여자대학교대학원 박사논문.

유효순(1992), 아동발달/김소미(2006. 국민대학교대학원 박사논문), 학교조직유형과 교사의 학생지도관에 따른 학생의 사회성에 관한 연구(재인용), 창지사.

육완순(1986),「루돌프 라반에 관한 연구」, 한양대학교대학원 박사논문.

이가화(1997),「아동의 창의력 개발을 위한 표현운동 지도방안」, 한국초등무용학회지 2권.

이명진(2001),「초등학교 무용교육의 콘텐츠 표준화 방안에 관한 연구」, 경기대학교대학원 박사논문.

이병옥(1993),「고대 한국무용사 연구」, 경기대학교대학원 박사논문.

이애주(1998),「춤이란 무엇인가」, 서울대학교대학원 사대 논총, p. 24.

이희선(1993),「개인의미 교육과정모형에 기초한 무용교육목표와 내용대한 요구사정」, 이화여자대학교대학원 박사논문.

이희선(1995),「교육으로서의 무용」, 한국무용교육학회지, 무용교육연구 제5집.

임용자(2000),「발달 및 치료도구로서의 교육예술 오리리트미」, 한국심리학회 상담과

심리치료. 12 : 2.

조미혜(1992a), 「개인의미 교육과정 모형에 의거한 체육목표 개념 분석연구」, 국민대학교대학원 박사논문.

최의장(2002), 「체육수업의 통합적 접근 : 몇 가지 제언. 체육과 목표 및 내용체계의 새로운 방향설정」, 체육교육목표 및 내용연구 세미나 자료집, 한국교육과정평가원.

최충환(1998), 「체육의 현상학적 접근」, 한양대학교대학원 박사논문.

한국교육과정평가원(2003), 「제7차교육과정의 현장 운영실태분석(Ⅰ)」, 연구보고 RRC 2003-3-4.

한국교육과정평가원(2003), 「제7차교육과정의 현장 운영 실채분석 : 초등학교 통합교과를 중심으로」, 연구보고 RRC 2003-3-2.

한동기 · 김권인(2003), 「정신지체 특수학교 초등체육교사의 체육목표인식분석」, 한국특수체육학회지, 11(2), 203~221.

황윤한(1999), 「교수-학습 이론으로서의 구성주의, 구성주의와 교과 교육」, 한국교원대학교대학원 초등교육연구소 편.

황학영(1998), 「목표지향성과 귀인피드백이 동기유발 요인과 학업성취도에 미치는 효과」, 한국교원대학교대학원 박사논문.

부 록

〈표 1〉 교육과정별 '동물 흉내내기'의 단원과 학습차시 및 학습방법의 특징

교육과정		단원명	차시	동작표현 학습방법
제4차	1-1	봄나들이	2차시 3차시	2차시: 병아리 형태 운동 이야기- 병아리 흉내내기- 관찰한 형태 흉내내기- 4호간 손뼉치고 4호간 흉내내기- 병아리 날개 흔들기, 뛰는 운동 흉내내기 3차시: 병아리모스, 동작 흉내내기- 4호간 걷고, 4호간 형태 흉내내기- 리듬에 맞추어서 해 보기
		망원경	3차시	3차시: 망원경을 본 것 이야기하기- 망원경으로 본 것 몸짓으로 표현하기- '장난감 망원경' 노래 부르며 몸짓으로 문답창하기- 즉흥적으로 신체 표현하며 문답창하기
		흉내내기	1차시	1차시: 동물의 슬라이드 사진을 보며 소리 듣기- 동물의 소리 듣고 흉내내기- 동물의 소리 내며 흉내내기- 여러 가지 소리를 듣고 선으로 나타내기- 여러 박자 노래 부르기
	1-2	숲 속의 나라	2차시	2차시: 동물원 견학했던 경험발표하기- 동물의 소리, 모습 흉내내기- 동물 흉내내며 달리기- 동물 흉내내며 달리다가 멈추기
	2-1	봄 동산	2차시 3차시	2차시: 봄 동산에서 볼 수 있는 것들 이야기하기-동물과 자연물 흉내-꽃과 나비가 되어 표현-다른 사람 흉내가 무슨 흉내인지 알아맞혀 보기 3차시: 전시학습 내용 발표하기-전시에 학습한 꽃, 나비, 새, 나무, 바람, 시냇물, 돌, 개구리를 8개 분단별 나누어 흉내내기-두 분단, 세 분단이 합쳐서 흉내내기-음악에 맞춰 춤추기

제4차		뻐꾸기	3차시 4차시	3차시: 여러 가지 동물들의 생김새, 운동 특징 이야기하기- 동물 흉내내기 4차시: 전시의 동물 흉내내기를 간단히 한다. - 분단별로 간단한 줄거리로 춤 꾸미기와 배역을 바꾸어 흉내내기하기- 분단별로 발표하기- 학급 전체가 발표하기- 평가하기
	2-2	우리들 자랑	5차시	5차시: 좋아하는 동물 혹은 재밌게 흉내낼 수 있는 동물 이야기하기- 선정한 동물 박자에 맞춰 표현하기- 분단별로 작품 만들기- 분단별로 작품 발표하기- 분단별로 작품 감상하기
제5차	1-1	봄 동산	3차시	3차시: 봄 동산에 볼 수 있는 동물 이야기하기- 동물의 형태, 생김새, 흉내내기- 동물의 움직임 표현하기 - 리듬에 맞춰 동물 움직임해 보기
		동물원	3차시	3차시: 동물원에 사는 동물 발표하기- 동물의 서 있는 모습 알아보기- 동물의 서 있는 모습 표현하기- 안전성 있게 서 있는 방법 알아보기- 동물 모습과 움직임 표현하기- 음악과 리듬에 맞춰 동물의 걷는 모습 표현하기- 평가하기
	1-2	숲 속의 나라	2차시 6차시	2차시: 숲 속의 동물의 생김새, 움직임에 대하여 이야기하기- 동물의 모양과 움직임 흉내내기- 동물 흉내내며 움직이다가 멈추기- 동물 흉내내며 걷다가 달리기- 신체를 이용한 공간에서 다양하게 움직이기 6차시: 탈을 쓰고 리듬에 맞추어 춤추기- 여러 방향으로 이동하면서 재미있는 춤놀이하기
	2-1	뻐꾸기	2차시	2차시: 몸집이 큰 동물과 작음 동물의 모양 나타내기- 동물의 움직임 나타내기- 리듬 혹은 음악에 맞춰 움직임 놀이하기

제6차	1-1	들로 산으로	3차시	3차시: 들과 산에서 볼 수 있는 동물과 그 움직임의 특징 발표하기- 동물의 모습 흉내내기- 동물의 움직임 흉내내기- 평가하기
		동물원	2차시	2차시: 동물원 혹은 TV에서 본 동물 발표하기- 사진, 그림, VTR자료 통하여 동물 움직임 탐색- 동물의 움직임 흉내내기- 평가하기
	1-2	우리들 자랑	3차시	3차시: 자기의 탈의 특징을 이야기하기- 탈을 쓰고 각 동물의 특징 표현하기- 둘이서 춤추기 - 이야기 듣고 춤추기- 평가하기
	2-1	뻐꾸기	2차시	2차시: 몸집이 큰 동물과 작고 귀여운 동물 이야기하기- 움직임 크거나 작은 동물 또는 속도가 빠르거나, 느린 동물 움직임 나타내기- 뻐꾸기 노래하며 동물 움직임 나타내기- 평가하기
		숲 속의 나라	6~7 차시	6~7차시: 집 혹은 강, 바다, 동물원에서 본 동물 이야기하기- 동물의 표정, 서 있는 모습, 앉아 있는 모습 표현하기- 두발 달린 동물과 네발 달린 동물의 움직임 특징적인 움직임 표현하기- 다양한 동물의 탈 쓰고 신호에 맞춰 움직이기- 2인 1조가 되어 동물의 탈을 쓰고 표현하기- 속도, 강약, 방향, 변화를 주며 흉내내기- 신체 높낮이를 다르게 하여 걷거나. 뛰며 흉내내기- 평가하기
	2-2	우리들 잔치	2차시 3차시	2차시: 동물의 장난감의 움직임을 살펴보기- 춤으로 나타내기- 발표하기- 평가하기
제7차	1-1	들로 산으로	3차시	3차시: 좋아하는 동물 신체동작으로 발표하기- '즐겁게 춤을 추다가' 노래에 맞춰 동물원에 본 것 흉내내기- 본 것을 신체로 표현하기와 상대방이 말로 표현하기- 자신이 좋아하는 동물 선택하기- 같은 동물을 선택한 사람끼리 모여 모둠이 되어서 그 동물의 특징 표현하기

第7차	2-1	숲 속의 나라	3차시	3차시: 집, 강, 바다, 동물원에서 본 동물 발표하기- 동물의 서 있는 모습, 앉아 있는 모습, 소리 흉내내기- 두발 달린 동물과 네발 달린 동물의 움직임 표현하기- 동물의 탈을 쓰고 신호에 맞춰 움직이기- 2인 1 모둠이 되어 동물의 탈을 쓰고 표현하기- 평가하기

〈표 2〉 '꽃 흉내내기' 단원명과 학습차시 및 학습내용 현황

교육과정	단원명	차시	동작표현 학습내용
제4차 2-1	봄 동산	2차시 3차시	2차시: 봄 동산에서 볼 수 있는 것들 이야기-동물과 자연물 흉내-꽃과 나비가 되어 표현-다른 사람 흉내가 무슨 흉낸지 알아맞혀 보기 3차시: 전시학습 내용 발표하기-전시에 학습한 꽃, 나비, 새, 나무, 바람, 시냇물, 돌, 개구리를 8개 분단별로 나누어 흉내내기- 두 분단, 세 분단이 합쳐서 흉내내기-음악에 맞춰 춤추기
제5차 2-1	들로 산으로	3차시 4차시	3차시: 들과 산에서 볼 수 있는 것 이야기하기-자연물과 동물 흉내내기- 재미있게 흉내내기 사람의 움직임 흉내내기 4차시: 학습한 내용 발표하기- 꽃과 나비 모습 관찰하기-꽃과 나비의 야야기를 춤으로 구성(지도서에 이야기 예시문제시)하기
제5차 2-2	우리나라꽃	4차시 6차시	4차시: 우리나라꽃에 대한 이야기하기- 무궁화꽃 표현하기- 석고상이 됩시다.' 표현놀이하기-감상하기 6차시:'우리나라꽃 노래가사에 맞게 만든 춤 발표하기- 율동적인 동작으로 춤만 들기-노래 부르며 여럿이 손잡고 춤추기
제6차 2-1	꽃동네 새 동네	2차시 3차시 6차시	2차시: 자신이 알고 있는 꽃 발표하기- 몸으로 꽃 모양 만들기- '꽃의 일생이야기를 구성하여 움직임으로 나타내기- 감상하기 3차: 2명이 짝이 되어 꽃모양 만들기-3~5명이 함께 꽃 모양 만들기- 7~10명이 꽃 모양 만들기 6차시: 꽃동산에서 볼 수 있는 것 발표하기-꽃, 나비, 벌, 나무, 바람 표현하기
제6차 2-2	우리나라꽃	1차시	무궁화꽃 본 경험 발표하기-무궁화꽃 모습 신체로 표현하기-신체 높이를 달리하여 무궁화꽃 표현-움직임의 질을 다양하게 하여 표현하기-평가
제7차 2-1	찾아보세요	7차시	눈을 감고 봄의 소리를 들려준다(녹음테이프로 시냇물 소리, 바람소리, 새소리를 등을 들려준다). 이동과 비이동 움직임으로 분류-이동과 비이동 움직임을 나타내기- 모둠별로 이동과 비이동 움직임으로 나타내기- 모둠별로 발표하고 감상하기- 평가하기

〈표 3〉 '숫자 흉내내기' 단원 및 학습차시, 학습내용 현황

교육과정	단원명	차시	동작표현 학습 내용
제4차 1-1	숫자놀이	3차시	3차시: 독일 어린이 춤추는 방법 이야기하기, 춤추기 춤추기 방법 -두 사람이 손잡고 원주상을 스텝, 크로스하며 춤추기 -자기의 무릎을 두 손을 칠 때(하나) -가슴 앞에서 손뼉을 한 번 칠 때(둘) -짝과 두 손바닥을 3번 마주친다. -오른발로 힐터치 3번, 오른손가락으로 짝을 3번 가리킨 후 넷에 바로 선다. - 위 동작 반복하여 연습하기
제5차 1-1	숫자놀이	1차시	1차시: 학습내용 설명하기와 숫자 만들기 숫자 만들기 방법 -2인 1조가 되어 마주선 다음 혼자 또는 2명이 숫자 만들기 -교사의 지시대로 짝이 볼 수 있게 숫자를 만든다. -'0'자가 연상되는 사물 생각하기 -'1~9'숫자 만들기 -교사의 지시에 따라서 빨리 만들기 -평가하기
제6차 1-1	숫자놀이	3차시	3차시: '0~9'자가 연상되는 것들에 대하여 알아보기와 숫자 만들기 숫자 만들기 방법 -2인 1조, 4인 1조, 3명, 3~10이 한 조가 되어 숫자 만들기 -교사가 제시한 숫자 빨리 만들기 -서로 다른 방법으로 숫자 만들기 -평가하기

〈표 4〉 비행기 동작표현 관련 단원 및 차시, 학습방법

교육과정		단원명	차시	동작표현 학습방법
제5차 1-2		비행기	3차시	3차시: 종이비행기 날리기-비행기 이륙과 착륙과정을 각 분단 조장을 따라서 이동하며 흉내내기
제6차	1-1	달나라 별나라	4차시	4차: 종이비행기 나는 모양을 이야기하기- 비행기 이륙과 착륙모습 흉내내기- 비행기처럼 달리기- 비행기처럼 즉흥 표현하기(교사의 신호에 따라서 빨강 깃발은 빠르게, 노랑 깃발은 천천히) -평가하기
	1-2	비행기	3차시	3차시: 비행기 종류와 나는 모습에 대한 이야기하기 - 비행기 이륙과 착륙과정을 각 분단 조장을 따라서 이동하며 흉내내기 - 평가하기
제7차 1-1		날아라 하늘로	4차시	4차시: 종이비행기 날릴 때 재밌고, 어려웠던 점 이야기하기 - 비행기 이륙과 착륙하는 모습을 혼자 또는 두세 명, 여러 명이 흉내내기와 신호에 따라서 표현놀이하기가 제시되었다. 표현놀이는 교사의 호루라기, 깃발, 수신호에 따라서 빠르게, 천천히, 왼쪽과 오른쪽 돌기이다. - 평가하기

〈표 5〉 '우주' 관련 단원 및 차시, 학습방법

교육과정		단원명	차시	동작표현 학습방법
제5차 1-1		달나라 별나라	3차시	3차시: 달나라 별나라 이야기를 통하여 타고 갈 우주 열차, 로켓, 우주선의 형태 표현하기와 우주 열차, 로켓, 우주선의 움직임 모습 표현하기
제6차	1-1	달나라 별나라	4차시	4차: 제5차 교육과정 달나라 별나라 단원 내용과 동일
	2-2	우주 여행	4차시	3차시: 우주선이 유형이나 걷는 모습의 VCR 자료를 보고 나서 우주 여행하는 모습 표현하기 우주 여행하는 모습 내용은 로켓이 출발하는 모습, 우주공간에서 유영하는 모습, 달나라에 착륙하여 탐험하는 모습, 지구로 돌아오는 모습을 순서대로 제시하여 표현하기, 평가하기
제7차 2-2		우주 탐험	12차시	12차시: 12차시는 외계인의 움직임을 볼 수 있는 VCR 자료를 보고 외계인의 특징적인 모습 이야기를 통하여 기본적 움직임(방향, 속도, 높이) 익히기와 외계인 흉내내기 다 함께 표현하기와 놀이하기 그리고 이야기 꾸며 표현하기가 제시되었는데 함께 표현하기에서는 지시어에 따라서 표현하기, 놀이하기는 팔찌 놀이하기와 숨겨진 외계인 찾기놀이, 외계인 장기자랑하기 팔찌놀이는 다양한 모양의 팔찌를 준비하여 이긴 순서대로 팔찌 원하는 모양 팔찌를 선택하여 같은 팔찌를 가진 사람이 모둠이 되어 같이 움직임하기 숨겨진 외계인 찾기놀이는 술래가 된 사람 몸에 스티커를 붙여 놓고 다른 사람은 술래를 찾는 놀이다. 외계인 장기 자랑하기는 모둠별 토의 통해서 장기자랑하기 끝으로 이야기 꾸며 표현하기는 모둠별로 이야기를 꾸며서 역할을 정하고 움직임을 만들어 보고, 음악을 선택하여 움직임을 맞추기와 발표와 감상하기 그리고 평가하기

〈표 6〉 '친구 따라 하기' 동작 관련 단원 및 차시, 학습방법

<table>
<tr><th colspan="2">교육과정</th><th>단원명</th><th>차시</th><th>동작표현 학습방법</th></tr>
<tr><td colspan="2">제5차 1-2</td><td>똑같아요</td><td>3차시</td><td>3차시: '나처럼 해봐요' 즉흥표현 놀이하기가 제시되었으며, 그 내용은 한 사람이 즉흥표현을 하면 다른 사람이 따라서 하기이다. 그리고 '똑같아요' 노래에 맞춰 춤추기</td></tr>
<tr><td rowspan="2">제6차</td><td>1-1</td><td>똑같아요</td><td>3차시</td><td>3차시: 자신의 생각이나 느낌을 신체로 표현하기와 노래에 맞춰 표현하기를 통하여 친구 움직임 따라 하기
친구 동작 따라 하기는 한 사람의 즉흥표현 따라 하기와 짝과 마주 보고 서서 짝의 움직임 따라 하기
또한 자신의 생각과 느낌 표현하기와 똑같아요 노래에 맞춰 춤추기가 제시되었으며, 평가하기</td></tr>
<tr><td>2-1</td><td>사이좋게</td><td>2차시</td><td>2차시: 신체로 표현할 수 있는 동작에 대한 이야기를 통하여 친구 동작 따라 하기와 조별로 즉흥 표현하기 그리고 평가하기</td></tr>
<tr><td colspan="2">제7차 1-2</td><td>똑같아요</td><td>5~6차시</td><td>5차시: 똑같아요 노래 부르면서 교사의 신호에 따라 교사의 몸짓과 같게 하기와 친구 동작과 같게 하기 또는 다르게 움직이기를 통하여 짝과 마주 보고 똑같이 움직여 보기와 짝의 움직임과 반대 방향으로 흉내내기 그리고 평가하기
6차시: 가운데 있는 사람의 동작과 동일하게 나타내기와 앞에 있는 사람과 반대 방향으로 나타내기가 제시되었는데 이들 학습방법은 모두 서서하기, 이동하면서 하기, 두세 가지 동작을 연결하면서 나타내기, 평가하기</td></tr>
</table>

〈표 7〉 노랫말에 따른 동작표현 단원 및 차시, 학습방법 현황

교육과정		단원명	차시	동작표현 학습방법
제5차	1–1	여름 냇가	6차시	6차시: 여름 냇가에서 볼 수 있는 것들 이야기하기, 여름 냇가 노래에 맞춰 춤추기, 그리고 노래 부르며 다 함께 춤추기
	1–2	똑같아요	3차시	3차시: '나처럼 해봐요' 즉흥 표현놀이하기, 똑같아요 노래에 맞춰 춤추기
	2–1	뻐꾸기	5차시	5차시: '뻐꾸기' 노래에 맞추어 표현하기, 춤 만들기, 노래 부르며 다 함께 춤추기
	2–2	가을 소풍	5차시	5차시: 즐겁게 춤췄던 경험 이야기하기, 가을 소풍 노래에 맞춰 신체 표현하기, 간단한 춤 동작 만들기, 그리고 평가하기
제6차	1–1	똑같아요	3차시	3차시: 생각이나, 느낌을 신체로 표현하기와 노래에 맞추어 표현하기, 친구의 움직임 따라 하기, 생각이나 느낌 표현하기, '똑같아요' 노래에 맞추어 즐겁게 노래 부르며 춤추기, 그리고 평가하기
	2–1	뻐꾸기	6~7 차시	6~7차시: 노래에 맞춰 춤을 췄던 경험 발표하기, 뻐꾸기 노래에 맞추어 율동적으로 움직이기, 간단한 춤 동작 만들기, 그리고 평가하기
	2–2	가을 소풍	5차시	5차시: 즐겁게 춤췄던 경험 이야기하기, 가을 소풍 노래에 맞춰 신체 표현하기, 간단한 춤 동작 만들기, 그리고 평가하기
제7차	2–1	뻐꾹 뻐꾹	5~6 차시	5~6차시: 숲 속에 새와 나무를 상상하고 그곳에서 춤추고 있는 모습 표현해 보기, 뻐꾸기 노래에 맞추어 짝과 함께 춤추기, 뻐꾹 왈츠곡에 맞춰 춤추기, 그리고 평가하기

〈표 8〉 '음악에 따라 움직이기' 단원 및 차시, 학습방법 현황

교육과정		단원명	차시	동작 표현 학습방법
제4차	1-2	어린 음악대	2~3 차시	2~3차시: 어린음악대 단원은 동작표현차시가 2~3차시로 2개가 있다. 두 개의 차시는 무용스텝 익히기로 워킹, 러닝, 스키핑 스텝을 전진, 후진하기와 제시된 스텝을 연결하여 하기
제5차	1-2	어린 음악대	2~3 차시	2차시: 일정한 리듬에 맞추어 짝과 마주 보고 앉기와 서기, 열기와 닫기, 올리기와 내리기, 달리기와 멈추기이다. 3차시: 여러 가지 방법으로 움직이기, 간단한 움직임의 리듬꼴을 만들어 움직이기
제6차	1-2	어린 음악대	3차시	3차시: 소리를 구별하는 방법 알아보기, 소리에 따라 움직이기(소리의 크기, 소리의 빠르기, 소리의 높낮이), 평가하기(동작서술 형식)
	2-2	여러 가지 소리	3차시	3차시: 빠르게 움직이는 물체와 느리게 움직이는 물체의 소리를 비교하고 이야기하기, 여러 가지 방법으로 움직이기, 리듬꼴에 따라 움직이기, 움직임의 리듬 만들기
제7차	1-1	씩씩한 어린이	6차시	6차시: 소리에 반응하기, 여러 가지 음악 듣고 반응하기
	1-1	장단에 맞추어	2~3 차시	2차시: 탈춤 형식에 의하여 신체 각 부위를 움직이고 있으며, 그 내용은 4박자 장단에 흥겹게 소고치기, 실제로 민속춤 추어 본 사람 발표하기 그리고 부채춤과 탈춤 사진 등 보여주기, 장단에 맞춰 춤사위 익히기, 모둠별 활동으로 신체 움직임 익히기, 평가하기 3차시: 4박 장단을 소고로 쳐 보기와 전시 학습 동작해 보기, 장단에 맞춰 춤사위 익히기, 장단에 맞춰 동작 연결하기, 모둠별 발표하기, 평가하기

	1–2	파란 하늘 아래서	8~9 차시	8~9차시: 음악에 맞춰 춤을 추었던 경험 이야기하기, 음악에 맞추어 리듬감 있게 움직이기, 음악에 맞춰 친구들과 함께 움직이기, 음악에 맞춰 자유롭게 움직이기, 평가하기
	1–2	어린 음악대	6차시	6차시: 여러 가지 소리의 특징에 대해 알아보기, 악기소리에 따라 다양하게 움직이기(북소리, 꽹과리, 템버린 소리), 평가하기가 제시되었다. 이 차시는 여러 가지 소리의 특징에 대해 알아보기, 악기소리에 따라 다양하게 움직이기(북소리, 꽹과리, 템버린 소리), 평가하기

〈표 9〉 '토끼와 거북이'의 단원명 및 차시, 학습방법

교육과정		단원명	차시	동작표현 학습방법
제4차	1–2	우리들 잔치	4~5 차시	4~5차시: 토끼와 거북이 줄거리 꾸미기, 배역 정하기, 작품 연습하기 그리고 작품 발표하기이다.
제5차	1–2	우리들 자랑	4차시	4차시: 토끼와 거북이 줄거리 꾸미기, 배역 정하기, 표현 운동 꾸미기, 춤 연습하기 그리고 춤 발표하기이다.

〈표 10〉 '흥부와 놀부' 이야기 단원명 및 차시, 학습방법

교육과정		단원명	차시	동작표현 학습방법
제6차	1-2	옛날 이야기	1차시	1차시: 흥부와 놀부 이야기 들려주기, 박에 대한 이야기하기, 박의 모양과 박 따는 움직임 표현하기, 그리고 평가하기 4차시: 전시에 학습 내용을 분단별로 발표하기, 흥부와 놀부 이야기 듣기, 이야기 듣고 장면별로 표현하기, 이박 저박 노래를 들려주고 종합적으로 자유롭게 표현하기 그리고 평가하기
제7차	1-2	옛날 옛적에	8~12 차시	8~12차시: 이야기 들려주기, 이야기 듣고 이야기에 알맞은 표정과 움직임을 발표하기, 발표할 내용 움직임으로 나타내기, 모둠별로 발표하기, 그리고 짧은 이야기를 움직임으로 나타내기, 선생님이 들려 주신 이야기 중에서 알맞은 움직임 찾아보기, 이동하면서 움직임 표현하기, 흥부와 놀부 역할놀이하기, 무대 구성하기, 그리고 지금까지 학습한 내용을 가지고 이야기 줄거리에 맞는 움직임으로 표현하기, 모둠별로 준비한 역할극 발표하기

〈표 11〉 한국 민속춤 관련 단원명 및 차시, 학습방법 상황

교육과정		단원명	차시	동작표현 학습방법
제4차	1-2	추석	5차시	달맞이 놀이와 농악에 대한 이야기(서로 손잡고 큰 원이 되어서 손을 잡고 걷기, 뛰기)하기, 농악놀이하며 러닝으로 달리기, 스키핑으로 뛰기하기, 분단별로 발표하기(다른 사람의 좋은 동작 찾아서 이야기하기)
	2-2	달맞이	2~3 차시	2차시: 달에 대한 흉내놀이 및 신체 표현하기, 달맞이 무용하기, '노래하자 춤추자'에서 배운 춤추기, 분단별로 발표 후 감상을 이야기하기 3차시: 16명, 32명, 64명이 원이 되어 춤추기
	2-2	탈놀이	3~4 차시	탈춤 추어 본 경험 또는 탈춤 추는 것 흉내내기, 탈춤놀이하기(제자리에 한발 뛰기, 북소리에 맞춰 춤추기, 뛰면서 전후, 좌우로 몸의 방향을 바꾸며 춤추기, 고개 흔들기, 두 발로 뛰면서 팔 흔들기, 무릎 굽혀 뛰면서 팔 흔들기, 무릎 굽혀 뛰었다 내려오면서 고개를 좌우로 잘게 흔들기, 위의 비슷한 운동을 생각하여 자유스럽게 흉내내기).
제5차	2-2	달맞이	2차시	2차시: 달에 대한 이야기(전설적 이야기를 발표, 달의 모양, 달을 이용하기 위한 노력 등에 대한 이야기)하기, 음악과 리듬에 맞춰 원주상에서 옮겨가기(16명이 원 만들어 손잡고 걷거나 뛰기, 원 안으로 들어갔다가 뒤로 물러 나오기), 리듬에 맞춰 달맞이에 대한 춤추기
	2-2	탈놀이	4, 5, 7 차시	4차시: 탈춤에 대한 이야기하기(탈춤 보고 느낀 점, 경험한 것 발표하기, 탈 종류에 대하여 이야기하기), 탈놀이하기(장단에 맞춰 춤추기, 춤추기 멈추기) 5차시: 탈춤놀이하기(제자리 뒷짐지고 고개와 신체 여러 가지 방법으로 움직여 보기, 팔을 안과 밖, 위와 아래로 움직이기), 제자리에서 한 발로 또는 두 발로 뛰기, 동작을 연결하여 춤추기 7차시: 탈춤놀이하기(걷기, 뛰기, 돌기), 학습 동작 연결하여 탈춤놀이하기

	2-2	우리들 잔치	4~5 차시	4~5차시: 두 개의 차시는 배운 탈춤 연습하기, 재미있게 춤 구성하기, 분단별로 춤을 발표하기, 분단별 춤 감상하기(재미있게 표현할 점 찾기, 재미있게 표현된 점을 본받아 분단별로 춤 수정하기)
제6차	1-2	추석	6차시	6차시: 소고춤 본 경험 이야기, 소고춤 추는 VCR을 시청하고 느낀 점 발표하기, 손뼉, 구음으로 장단 익히기, 장단에 맞추어 움직이기(제자리에서 소고 앞뒤치기, 한쪽 다리 밑에서 소고치기, 몸 앞에서 소고치기, 팔꿈치, 어깨로 소고치기, 원중심으로 모였다. 흩어지기, 원을 그리며 소고치기), 평가(작품 감상하기, 재미있었던 점, 힘든 점 이야기)하기
	2-2	달맞이	2~3, 7차시	2~3차시: 소고 쳐 본 경험 이야기하기, 장단 익히기, 장단에 맞춰 여러 방향에서 소고치기, 여러 가지 방법으로 소고치기, 소고치며 걷거나 뛰기, 각자가 이동한 길 모양 그리기, 원을 만들면서 소고치기, 평가(어떻게 이동한 것이 재미있었는지 이야기)하기 7차시: 달맞이했던 경험 이야기하기와 강강술래 유래에 대한 이야기하기, 동대문 놀이하기(둘, 셋이 함께), 여러 사람이 손잡고 춤추기, 평가(친구들의 동작을 감상하기)하기
	2-2	탈놀이	3, 5~6 차시	3차시: 탈춤 본 경험과 추었던 경험 이야기하기와 VCR을 토하여 탈춤을 보여주기, 장단 익히기(책상, 무릎, 손뼉), 장단에 맞추어 움직이기(고개, 팔, 다리 순으로), 입장단하며 움직이기, 탈을 쓰고 여러 가지 신체부위 움직이기, 평가(춤을 추어 본 느낌, 어떤 움직임이 재미있었는지)하기 5~6차시: 탈춤과 어울리는 민요 발표하기와 민요 선택하기, 민요 장단에 맞춰 움직이기(제자리, 이동 순으로), 순서를 정하여 춤추기, 평가(장단에 맞춰 이동하면서 춤출 수 있는 여러 가지 움직임을 말해 보기, 친구의 움직임 중에서 어떤 것이 잘 되었고 재미있었는지 발표)하기

제7차	1–2	한가위	5~6, 11~12 차시	5차시: 친구들과 원형 만들어 놀았던 경험 이야기하기, 한 줄 만들어 가볍게 뛰기(6~8명이 한 줄 만들기, 대문 빠져 나가기), 원을 만들어 가볍게 뛰기(원 안, 원 밖으로 움직이기) 6차시: 강강술래 본 경험 이야기하기, 기본동작 익히기(가볍게 뛰면서 한 줄 만들기, 한 줄 만들어 가볍게 뛰기, 원 만들어 가볍게 뛰기), 음악에 맞춰 강강술래하기(손잡고 걷기, 반대로 걷기, 가볍게 뛰기, 반대로 뛰기(스키핑), 평가(친구 춤추는 동작 감상하고 느낌을 발표하기)하기 11~12차시: 민속춤 본 경험 이야기하기와 VCR을 시청하고 느낀 점 발표하기, 장단에 맞춰 소고춤 추기(소고 장단 치기, 혼자 또는 짝과 함께 움직여 보기, 모둠별 또는 학습 전체와 함께 움직여 보기), 농악대와 함께 풍물놀이하기(농악대와 함께 소고치기, 농악대 함께 춤추기)
	2–1	우리들 세상	5차시	5차시: 자진모리장단 익히기(꼭두각시 음악 들으며 손뼉치기, 꼭두각시 음악을 들으며 손 흔들기), 꼭두각시춤 익히기(꼭꼭 숨어라 살짝, 옆으로 걷기, 짝과 손뼉치기, 짝과 팔짱 끼고 돌기, 여자 앉고 남자 뒤에서 서서 얼르기, 스키핑으로 뛰어서 짝과 마주 보고 서기, 짝과 마주 다가가기, 양 손 맞잡고 종종 걸음으로 돌기), 평가(모둠별로 발표하기, 재있었던 점 이야기하기)하기가 제시되었다.
	2–1	우리나라 좋은 나라	11~12 차시	11~12차시: VCR을 보고 풍물대에 사용된 악기 이름 알아보기와 자진모리장단으로 연주된 풍물 음악을 들려주고 장단에 맞춰 손뼉치기, 장단 익히기와 소고치기(구음으로 맞춰 장단치기, 소고 한 번치고 춤추기, 모둠이 되어 걸으면서 움직이기), 모둠별로 연습하기(각 모둠에 우수한 어린이를 뽑아서 동작 따라 하기), 소고춤 익히기, 소고춤 순서 정하기, 평가(모둠별로 발표하기와 감상하기, 어떻게 이동하는 것이 재미있었는가, 소고춤 순서 짜기에서 가장 어려웠던 점)하기

〈표 12〉 '외국 민속춤' 단원명 및 학습차시와 학습방법

교육과정		단원명	차시	외국 민속춤 학습방법
제4차	2-2	노래하자 춤추자	3~4 차시	3차시: 외국 민속무용 본 이야기하기, 민속춤 무용의 기본 움직임 익히기, 짝과 손뼉치기, 원형을 만들어 짝 바꾸며 춤추기 4차시: 전시에 학습한 노래 부르며 춤추기, 두 사람이 여러 가지 방법으로 손잡고 운동하기, 음악에 맞춰 동작 이어서 하기
제7차	1-2	정다운 이웃	5~6 차시	5~6차시: 외국 민속춤 TV 등을 통하여 본 경험 이야기하기와 여러 사람과 함께 춤을 추었던 경험을 이야기하기, 짝과 함께 어린이 폴카 익히기, 원형 만들어 남녀가 마주 보고 춤추기, 평가하기
	2-1	만나서 반가워요	3~4 차시	3~4차시: 인사하는 법 알아보기와 북장단에 맞추어 짝과 마주 보고 여러 가지 인사하기, 1렬 원 대형에서 음악에 맞추어 함께 손잡고 춤추기, 2열 원형으로 남녀 마주 보고 춤추기, 평가하기
	2-1	우리들 세상	6차시	6차시: 아프리카 사진이나 VCR 자료 감상하기, 아프리카 민속 음악듣기, 아프리카춤 익히기, 평가하기

저자 소개

✍ 남혜령

경희대학교 체육대학 무용학과 졸업
경희대학교 대학원 무용학과 졸업(석사)
강원대학교 대학원 석사 · 박사 통합과정 졸업(교육학 박사)
공주사범대학교 무용학과 강사
대구 효성 가톨릭대 무용학과 강사
강원대학교 교육학과 강사
춘천교육대학교 교육과 강사

초등학교 동작교육의 실제

초판인쇄 2011년 12월 25일
초판발행 2011년 12월 30일

저 자 남 혜 령
발행인 김 현 태
발행처 태영출판사

주 소 (152-705) 서울 구로구 구로동 104-10 동남오피스텔 201호
전 화 02 · 839-3757, 839-3752
팩 스 02 · 837-3754
등 록 2005년 5월 30일 제12-421호
http://www.taeyeongbook.co.kr
E-mail tys2005@paran.com
ISBN 978-89-6302-073-0 93370
정 가 12,000원

NAVER 태영출판사

* 잘못 만들어진 책은 교환해 드립니다.